Inhaltsverzeichnis

Vorwort

„Man kann die Welt nur nach dem verstehen,
was man erlebt.“
Antoine de Saint-Exupéry

Es war das zweite Jahr in der Grundschule „Das Forscherhaus“. Die Zweitklässler waren jetzt unsere ältesten Forscherhausschüler. Ihre Aufgabe war es, ein Haus zu bauen und dafür zunächst einen Plan zu zeichnen.

Eines Tages zeigte mir ein Schüler seinen Plan. Ich musste einmal tief durchatmen. „Meinst du wirklich, dass das so funktioniert?“, fragte ich dann und sagte noch: „Ich bin mir nicht sicher, ob das klappt!“ Und während ich ihm den aufgezeichneten Plan zurückgab, sah er mich an und strahlte über das ganze Gesicht. „Genau DAS will ich doch herausfinden, Frau Stücke!“, sagte er. „Wofür bin ich denn im Forscherhaus?“

Wofür bin ich denn im Forscherhaus?

Dieser Satz begleitet mich seitdem. Immer wieder denke ich daran zurück und immer wieder erinnert er mich an das, was beim Lernen wirklich wichtig ist: fasziniert zu sein, etwas zu wagen und auszuprobieren und sich auch von möglichen Fehlern nicht abschrecken zu lassen.

Besagter Schüler jedenfalls hat seinen Plan ausprobiert und eine Menge dabei gelernt.

Mit unserem Material möchten wir Ihnen die Möglichkeit geben, ähnlich fasziniert, selbstbestimmt und engagiert zu lernen und zu lehren: Probieren Sie gemeinsam mit Ihren Schülerinnen und Schülern die vielfältigen Forschungen aus. Seien Sie gespannt. Lassen Sie sich von unserer Welt und Ihren Schülern überraschen!

Herzliche Grüße

Uta Stücke

Uta Stücke

Pädagogische Leiterin der Forscherhaus gemeinnützige Bildungsgesellschaft mbH und Entwicklerin der vorliegenden Materialien

Allgemeine Einführung in die Forschungen: *Wie* lernen die Schüler im Forscherhaus?

Die Besonderheiten der Forscherhaus-Pädagogik

Der Slogan „Zusammenhänge erleben“ verdeutlicht ein zentrales Ziel der Forscherhaus-Pädagogik: Die Kinder sollen durch aktives Handeln und Erleben einen Überblick über die zentralen Zusammenhänge unserer Welt gewinnen. Dabei beschränkt sich das Forschen im Forscherhaus ausdrücklich nicht ausschließlich auf den naturwissenschaftlichen Bereich, sondern ist handlungsweisend für alle Themenbereiche.

Basierend auf dieser Herangehensweise haben wir mit der Lernkleisterei lehrwerkunabhängige Unterrichtsmaterialien für die Grundschule entwickelt, die es ermöglichen, handlungsorientierten Unterricht zu gestalten, der neben Inhalten auch nachhaltige Lernstrukturen vermittelt. Es handelt sich dabei um Materialien, die die im Lehrplan des Landes NRW vorgegebenen Schwerpunkte des Faches Sachkunde mit den Anforderungen in Deutsch, Musik und Kunst verknüpfen und somit vernetztes Lernen fördern. Diese Schwerpunkte sind auch mit den Lehrplänen der übrigen Bundesländer zu vergleichen.

● Phase 1: Forschen, Handeln und Ausprobieren

MACH MIT!

Unsere Welt erforschen und dadurch klare Vorstellungen gewinnen – zentrale Methoden

Ein zentrales Ziel von Bildung und Unterricht besteht darin, dass die Schülerinnen und Schüler ihre Welt möglichst intensiv verstehen lernen und klare Vorstellungen von ihr gewinnen, auf die sie langfristig zurückgreifen können. Um dieses Ziel zu erreichen, ist *aktives Handeln* unumgänglich.

Craik und Lockhart (1972) haben das Konzept der Verarbeitungstiefe vorgeschlagen, um Unterschiede in der Behaltensleistung zu erklären. Die Erinnerung an eine Information soll demnach umso dauerhafter sein, je mehr ein Lerner den Lerninhalt semantisch verarbeitet, also die Bedeutung herausarbeitet, im Unterschied etwa zu einer oberflächlichen Verarbeitung, indem der Lerner mechanisch auswendig lernt. Eine Information wird umso besser behalten, je mehr der kognitive Apparat des Lerners damit „macht“ und mit je mehr Strukturen die Information in Kontakt kommt.[1]

Dementsprechend haben auch die neuesten Forschungen der Lernpsychologie nachgewiesen, dass Kinder nur in einem sehr geringen Umfang *belehrt* werden können. Das, was sich ein Kind

[1] Vgl. Craik und Lockhart (1972), zit. n. Weidenmann, Bernd: Psychologie des Lernens mit Medien. In: Weidenmann, Bernd / Krapp, Andreas / Hofer, Manfred / Huber, Günter L. / Mandl, Heinz (Hrsg.): Pädagogische Psychologie. Ein Lehrbuch. München / Weinheim 1986.

aneignet und was es erlebt, kann vielmehr nur dann Bestandteil seiner Gedankenwelt und seines Selbstbewusstseins werden, wenn es dies selbst konstruiert und eigenaktiv gestaltet hat. „Kinder möchten sich ein Bild von der Welt machen. Niemand sonst kann dies für sie tun. So betrachtet ist Bildung Selbstbildung. […] Kinder bilden sich nicht, indem sie fertiges Wissen und Können lediglich von anderen übernehmen, sondern erst dann, wenn sie sich selbst damit auseinandersetzen."[2]

Dies versucht die Forscherhaus-Pädagogik zu berücksichtigen. In ihrem Fokus stehen **vier zentrale Methoden,** die in einem sehr umfassenden Sinn die Aktivität der Schülerinnen und Schüler herausfordern. Auf den folgenden Seiten werden diese kurz vorgestellt.

Methode Nr. 1: Die Kinder rekonstruieren bauend ihre Wirklichkeit

Im Forscherhaus eignen sich die Kinder vielfältige Schwerpunkte dadurch an, dass sie zu lernende Sachverhalte nachbauen. Wenn beispielsweise das Thema *Achsen* im Vordergrund steht, sollen die Kinder ein Achslager bauen. Wenn es um das Skelett und die Gelenke des Menschen geht, sollen sie entsprechende Gelenke erstellen usw.

Diese Vorgehensweise ist gerade in unserer heutigen technisierten und motorisierten Welt wichtig, „in der es immer schwieriger wird, Zusammenhänge wirklich zu begreifen und den Dingen auf den Grund zu gehen. Türen öffnen sich, ohne dass man sie berührt, Automaten lassen aus derselben Öffnung Kaffee, Kakao und Fleischbrühe fließen, je nachdem, welche Taste man gedrückt hat. Ursachen und Wirkungen können nicht mehr unterschieden werden, die Einwirkungsmöglichkeiten der Kinder werden auf einen Knopfdruck reduziert".[3]

Gerade diese Einwirkungsmöglichkeiten werden den Kindern aber ganz neu gegeben, wenn sie konsequent selbstständig eigene Bauwerke erstellen können: Im Tun erhalten sie augenblicklich eine Rückmeldung darüber, was gut funktioniert und was nicht, welche Vorgehensweisen zum erwünschten Ziel führen und welche nicht.

Kurz: Das Tun fordert die Kinder zu einem intensiven Denken heraus.

Entscheidend für die hier beschriebenen Bauprozesse ist, **dass die Schülerinnen und Schüler keinerlei Anleitungen oder Baupläne vorgegeben bekommen.** Stattdessen müssen sie diese – um erneut zu einer sehr intensiven Aktivität herausgefordert zu werden – selbst zeichnen und den Bauprozess anschließend mit Hilfe von Alltagsmaterialien ausführen: Die Kinder begeben sich quasi in die „Ursprungssituation" hinein, in der ebenfalls keine Pläne vorlagen, sondern erst durch intensives Nachdenken, Erproben und anschließendes Überdenken ermittelt werden mussten.

[2] Bildungsgrundsätze NRW für Kinder von 0 bis 10 Jahren, Freiburg im Breisgau 2016, S. 17.

Folglich kann das Bauen im Sinne der Forscherhaus-Pädagogik seine lernfördernden Potenziale nur dann entfalten, wenn die folgenden fünf Phasen durchlaufen werden:

1. Die Schülerinnen und Schüler stoßen gemeinsam mit der Lehrkraft auf ein **Problem oder eine Frage,** das/die sie lösen möchten. Bevor mit dem eigentlichen Bauen begonnen werden kann, müssen manchmal zunächst **Informationen** – beispielsweise mit Hilfe von Experimenten – zusammengetragen werden.
2. Nun erstellen die Kinder den **Plan für ihr Bauwerk.** Hierfür müssen sie sowohl die Materialien auflisten, die sie benötigen, als auch Schritt für Schritt die Abfolge der einzelnen Bauhandlungen schildern. Auf diese Weise nehmen sie das „Endprodukt" in all seinen Einzelheiten und Funktionsweisen gedanklich vorweg. Die Denkfähigkeit der Kinder wird durch das Suchen und Erkennen möglicher Lösungen angeregt.
   Als Material stehen ausschließlich **Alltagsgegenstände** wie alte Schuhkartons, ausgespülte Joghurtbecher, unterschiedliche Deckel, alte CDs, Schuhkartons, Bindfäden und vieles andere mehr zur Verfügung, die die Schülerinnen und Schüler in der Regel selbst gesammelt und zusammengetragen haben.
3. Der Plan wird mit einer Lehrkraft kurz **besprochen.**
4. Nun wird mit dem eigentlichen **Bauen** begonnen. Hierbei wird der Plan an der Wirklichkeit gemessen: Stimmen meine Planungen oder stoße ich auf Probleme und Hindernisse?
   Falls Probleme und Hindernisse auftauchen, sollten diese mit sehr viel Ruhe und Gelassenheit angegangen werden. Häufig hilft eine kurze **Hilferunde,** bei der die Schülerin oder der Schüler sein Problem vorstellt und gemeinsam mit seinen Klassenkameraden nach Lösungen und neuen Wegen sucht.
   Tipp: Hier hat es sich als hilfreich erwiesen, wenn jeder Schüler ein einfaches **Tablett** zur Verfügung hat, auf dem er baut und auf dem er auch all seine Baumaterialien lagert. Dieses Tablett kann in „Baupausen" auf Fensterbänken o. Ä. gelagert werden. Das Hin- und Herräumen gestaltet sich mit Hilfe der Tabletts schnell und problemlos.
5. An das Bauen schließt sich mit der gesamten Klasse eine **intensive Besprechungsphase** an, in der aus dem Handeln das eigentliche **Wissen gewonnen** wird. Diese kann zum Beispiel anhand der folgenden Fragestellungen durchgeführt werden: Was haben wir durch das, was gelungen ist, herausgefunden? Was haben uns die Fehler gelehrt?

Methode Nr. 2: Die Kinder gestalten Miniatur-Szenarien

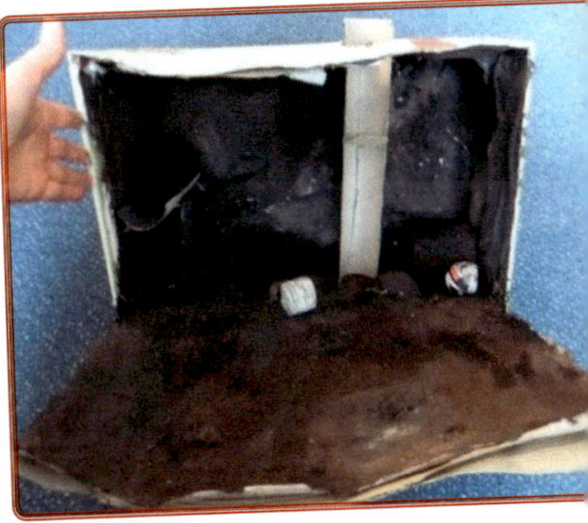

Die Methode des Bauens hat sich nicht nur bei der Erarbeitung einzelner Gegenstände bewährt, sondern auch bei der Auseinandersetzung mit ganzen **Szenarien** – wie etwa der Landschaft in der Steinzeit oder auch der Gestaltung von Bergwerken.
Gerade das Thema „Ein Bergwerk bauen" kann mit Hilfe der hier beschriebenen Methode sehr intensiv bearbeitet werden, da auf diese Weise der gesamte Ablauf der Beschaffung von Bodenschätzen – wie etwa Erze oder Kohle – bearbeitet werden kann.

[3] Zimmer, Renate: Handbuch der Sinneswahrnehmung. Grundlagen einer ganzheitlichen Bildung und Erziehung. 4. Ausgabe der überarbeiteten Neuausgabe, Freiburg im Breisgau, Herder Verlag 2005.

Auch hierbei sollen die Schülerinnen und Schüler zunächst einen Plan für den Bau ihrer Miniatur-Szene entwickeln. Nach der Besprechung des Planes mit der Lehrkraft fangen sie an zu bauen. Besonders wichtig ist es, darauf zu bestehen, dass diejenigen Aspekte, die für ein Bergwerk besonders zentral sind (also etwa Gänge, Luftschächte, Aufzüge etc.), auch in das Bauwerk eingefügt werden. Um nichts Wichtiges zu vergessen, kann es sinnvoll sein, zunächst mit Hilfe eines Fragezettels oder hilfreicher Sachbücher ein entsprechendes Wissen zusammenzutragen, zu bedenken und auszuwerten.

Auf diese Weise können auch spezielle Teilthemen durch eine entsprechende Aufgabenstellung stärker in den Fokus gerückt werden. Beispielsweise kann beim Thema „Bergbau" die Frage gestellt werden, wie die Menschen an die Metalle gelangen können, die in den geförderten Erzen eingeschlossen sind. Als Hilfe kann den Schülerinnen und Schülern gesagt werden, dass wir hierbei zentrale Eigenschaften von Metallen nutzen (nämlich die Schmelzbarkeit). Die Miniatur-Szenerie kann entsprechend erweitert werden.

Methode Nr. 3: Die Kinder führen Experimente durch

Um klare Vorstellungen von zentralen Sachverhalten zu gewinnen, führen die Schülerinnen und Schüler im Forscherhaus bei geeigneten Themen **Experimente** durch. Wichtig ist hierbei, dass sich diese Methode nicht auf das Ausführen vorgegebener Experimente beschränkt, sondern dass die Schülerinnen und Schüler eigene Fragestellungen entwickeln und zu diesen hilfreiche Experimente selbst „erfinden" können. Dass sich an diese Phasen stets das **Verschriftlichen** (s. S. 19 – 21) wie auch das **kritische Bedenken** im Sitzkreis anschließen sollte, versteht sich von selbst.

Achtung: Bitte achten Sie bei allen Rezepten auf eventuelle Lebensmittelunverträglichkeiten der Kinder!

Methode Nr. 4: Die Kinder erfahren sich und ihre Welt in Ernstsituationen

Das Reden über Sachverhalte genügt häufig nicht, damit die Schülerinnen und Schüler tatsächlich klare Vorstellungen von diesen erwerben. Vielmehr müssen sie zentrale Handlungen aktiv nacherleben können, damit sie nachhaltige Eindrücke gewinnen.

Dieses aktive Nacherleben wird im Forscherhaus beispielsweise dadurch realisiert, dass die Kinder – etwa anstatt „nur" über die Arbeit in einer Bank zu reden – eine Ware herstellen und sich das hierfür notwendige Startkapital bei der Forscherhaus-Schulbank leihen. Dafür muss ein Kreditplan erstellt und mit der Schulbank besprochen werden, sonst wäre dieses aktive Nacherleben keine Ernstsituation. Als weiteres Beispiel kann das „Schulrestaurant" dienen: Anstatt „nur" die vielfältigen Arbeitsabläufe zu sammeln, die in einem Restaurant notwendig sind, bauen die Kinder für einen Abend ein Schulrestaurant auf, in das sie ihre Eltern und Familien einladen.

Entscheidend für das Lernen in und mit solchen Ernstsituationen ist stets, dass die Kinder den gesamten Prozess eigentätig nacherleben können. Keine Handlung – und sei es das Einkaufen für ein selbst geführtes Restaurant, sei es das Schreiben von Einladungen oder auch die Überlegung, für welche Preise selbst hergestellte Waren verkauft werden sollten – wird einfach von Erwachsenen übernommen. Die Kinder sollen vielmehr die Chance erhalten, diesen vielfältigen Möglichkeiten und Erfahrungen zu begegnen, sie in ihrem Rahmen selbstständig auszuführen und sich mit ihnen auseinanderzusetzen.

Phase 2: Strukturen erarbeiten und Inhalte übertragen

Das Gelernte durchschauen, um es auf parallele Beispiele übertragen und so festigen zu können

Von besonderer Bedeutung für das Lernen ist die Tatsache, dass die im Gehirn eingehenden Informationen nicht in der Reihenfolge ihres Eingangs gespeichert werden, sondern in Form von **Wissensnetzen:** Jede Information wird in dem Wissenszusammenhang *abgelegt,* in den sie gehört, und mit anderen Wissensinhalten *verbunden,* mit denen sie zusammenhängt. Nur ein solch gezieltes Ablegen ermöglicht auch ein gezieltes Wiederfinden: Wie in einer gut sortierten Bibliothek muss der Mensch bloß im jeweils passenden Wissensnetz nach der Information suchen, die er gerade benötigt.

Eine zentrale Voraussetzung für ein solch lernförderndes Abspeichern besteht natürlich darin, dass die Kinder diejenigen Wissensnetze, an die sie neue Informationen *anbinden* und somit *festhalten* können, auch besitzen. Folglich musste sich das Forscherhaus – wollte es seinen Anspruch, den Kindern das Lernen zu erleichtern, wirklich ernst nehmen – Gedanken darüber machen, welche Wissensnetze bereits an Grundschüler vermittelt werden können. Ebenso wichtig ist aber auch die Frage, *wie* diese Wissensnetze vermittelt und verwendet werden sollten. Hierbei müssen die folgenden beiden Schwerpunkte bedacht werden:

Schwerpunkt 1: Wie können Wissensnetze vermittelt werden?

Entscheidend ist hierbei das Lerngesetz „Überblick vor Detail“: **Zunächst** wird den Kindern ein geordneter Überblick vermittelt – gemäß der Tatsache, dass sie zunächst nichts Einzelnes lernen sollen, sondern Strukturen mit ihren Gemeinsamkeiten und Unterschieden kennenlernen. **Erst anschließend** werden auch Details vermittelt – die nun sogleich angemessen in den bestehenden Überblick eingegliedert werden können.

Für das Lernen bedeutet dies, dass Kinder zunächst ein grobes Wissensnetz aufbauen müssen. Entscheidend hierfür ist, dass das grobe Wissensnetz von Anfang an so klar geordnet ist, dass die Kinder verstehen, an welcher Stelle sie welche Detailinformationen *festhaken* müssen, um sie später problemlos *wiederzufinden.* Um dies bereits Grundschulkindern zu ermöglichen, hat das Forscherhaus besondere Materialien entwickelt, die als **Lückenbilder** bezeichnet werden. Dies sind Bilder mit vielen Lücken, die die übertragbaren, zentralen Schwerpunkte prägnant zum Ausdruck bringen. Ein Beispiel zum Schwerpunkt „Stoffeigenschaften erforschen" sehen Sie unten. Wird ein solches Lückenbild in einer Klasse neu eingeführt, ist es unumgänglich, hierzu ein Thema zu wählen, das die Schülerinnen und Schüler handelnd erfahren und womit sie sich vertraut gemacht haben. Die auf diese Weise erlangten klaren Vorstellungen werden dann mit Hilfe kleiner Bilder in die einzelnen Räume des Lückenbildes eingefügt. Später dann, wenn die Schülerinnen und Schüler mit dem entsprechenden Lückenbild vertrauter sind, können ihnen auch Texte gegeben werden, deren Informationen sie bildlich in das Lückenbild übertragen sollen.

Deutlich wird, dass jedes Lückenbild für viele parallele Themen gefüllt werden kann: Wer mit Hilfe des abgedruckten Lückenbildes beispielsweise das Trocknen von Wäsche beschreiben möchte, fügt in das Haus eine Wäscheleine mit Wäsche ein. Darüber können einige Punkte als Hinweis gezeichnet werden, dass die Feuchtigkeit verdunstet. Auf den Zettel im Haus können dann die folgenden Stichwörter geschrieben werden: STOFF: Wasser, EIGENSCHAFT: Es verdunstet. NUTZEN: Die Wäsche trocknet. Wer dagegen die Herstellung von Schoko-Lollis beschreiben möchte, malt in das Haus einen Herd, auf dem gerade Schokolade geschmolzen wird, die anschließend in leere Joghurtbecher gegossen und in die ein Löffel als Stiel geschoben wird. Bewusst ist jedes Lückenbild so gestaltet, dass die Grundschulkinder verschiedene Informationen in die Lücken hineinzeichnen können.

Auf diese Weise machen Lückenbilder die Gemeinsamkeiten anschaulich deutlich, die zwischen verschiedenen Themen bestehen. Mit ihrer Hilfe können sich die Kinder bereits die übertragbaren Aspekte paralleler Themen erarbeiten. Vor allem können sie so anschaulich begreifen, dass die Strukturen, die sie sich an *einem* Thema erarbeitet haben, auch für viele andere Themen Gültigkeit besitzen: Anhand *eines* Themas erarbeiten sie sich einen weiten Wirklichkeitsbereich unserer Welt. So erlangen sie leichter einen Überblick. Lückenbilder zum Thema „Stoffe und Stoffeigenschaften" finden Sie im Anhang (ab S. 65).

Lückenbild „Stoffe"

Schwerpunkt 2: Wie kann die Anwendung und Wiederholung bereits vermittelter Wissensnetze gestaltet werden?

Wissensnetze müssen – wie alles andere Wissen auch – regelmäßig wiederholt werden, damit sie gut abgespeichert werden und langfristig zur Verfügung stehen. Die Forscherhaus-Pädagogik nutzt hierbei die folgenden Methoden.

Methode Nr. 1: Erzählforschungen

Das Forscherhaus wendet seit vielen Jahren eine ganz besondere Methode im Unterricht an: die Erzählforschungen (Hasenpfeffer-Storys, ab S. 48). Dies basiert auf den Erfahrungen, dass ein Großteil der Schülerinnen und Schüler Informationen, die sie in spannende und witzige Geschichten eingebunden erleben, besser und nachhaltiger verstehen und sich an diese auch besser erinnern. Deshalb begegnen die Schülerinnen und Schüler im Forscherhaus zuvor erarbeiteten Sachverhalten immer wieder in kurzen – möglichst mündlich vorgetragenen – Geschichten, die zudem häufig noch einen neuen Blickwinkel auf den entsprechenden Sachverhalt eröffnen. Auf diese Weise werden sie zu kleinen Forschungen und intensiven „Nachdenkrunden" hingeführt. Dass diese Geschichten in der Regel sehr lustig sind, ist ein weiterer Pluspunkt. Sie erzählen von dem Gespenst Hasenpfeffer, das in der Burg Clevercastle lebt und dort die Welt der Menschen erforscht. Leider hat Hasenpfeffer von der Welt der Menschen kaum Ahnung, was immer wieder zu kuriosen und witzigen Situationen führt.

„Beim methodischen Gebrauch narrativer Gestaltungselemente, der sich bisher vor allem in englischsprachigen Ländern etabliert hat, geht es aber nicht um das Erzählen beliebiger Geschichten. Im Zentrum der Methode steht hingegen der Einsatz bewusst ausgewählter bzw. gezielt entwickelter Geschichten, um das Ziel zu erreichen, Wissen aufzubauen, indem Lerninhalte in Form von Geschichten vermittelt werden."[4]

Diese Vorgehensweise, der innerhalb der Forscherhaus-Pädagogik ein großes Gewicht eingeräumt wird, wird als **Erzählforschung** bezeichnet. „Dadurch werden beim Lernen nicht nur kognitive, sondern auch emotionale Bereiche aktiviert, was die Nachhaltigkeit des Lernens unterstützt."[5]

Methode Nr. 2: Lesehefte

Passend zu den Themen der einzelnen Forschungen hat die Forscherhaus-Pädagogik **Lesehefte** (ab S. 58) entwickelt, die mit der Silben-Methode arbeiten. Jedes Heft bietet zu einem bestimmten Thema verschiedene Ideen, Experimente und Texte. In diesem Heft ist es „Oma Theodoras Erfinderwerkstatt. Heute: Wärme". Ergänzend kann in der Regel ein Arbeitsplan eingesetzt werden, der Aufgaben enthält, die das Kind zum aktuellen Heft erledigen soll. Auf diese Weise können die Kinder beispielsweise vom 1. Schuljahr an das Aufschreiben und Beantworten von Fragen zum Text ebenso wie das Füllen der vermittelten Lückenbilder trainieren.

Einige dieser Lesehefte enthalten Sachtexte, während andere Hasenpfeffergeschichten erzählen. Gemeinsam ist allen Leseheften, dass mit ihrer Hilfe eine sehr enge Verknüpfung zwischen Deutsch- und Sachunterricht hergestellt werden kann.

Methode Nr. 3: Denk- und Mitmachaufgaben aller Art

Mit Hilfe kleiner **Rätsel- und Erfinderaufgaben** (s. S. 34 – 37) werden die Schülerinnen und Schüler herausgefordert, das Gelernte zu bedenken und auf neue Sachverhalte zu übertragen. Pantomime und Bewegungsspiele ermöglichen zusätzlich einen stärkeren Zugang zum Gelernten mit allen Sinnen.

[4] Schekatz-Schopmeier, Sonja / Lück, Gisela: MNU PRIMAR Heft 4/2011.

[5] ebd.

Phase 3: Zusammenhänge erkunden

Aus den vielen Einzelteilen ein zusammenhängendes Bild entwickeln – zentrale Methoden

Unsere Welt ist komplex und vielschichtig. Sie besteht aus unglaublich vielen Einzelheiten: Das Verbinden von Einzelheiten zu einem Ganzen erleichtert nicht nur das Behalten, sondern auch das Verstehen: Unsere Welt ist ein zusammenhängendes Ganzes, weshalb viele Entwicklungen und Gegebenheiten nur dann angemessen begriffen werden können, wenn die zentralen Zusammenhänge beachtet werden.

Um nun Grundschülern die wirklich zentralen Zusammenhänge bewusst zu machen, die unser Leben bestimmen, greift die Forscherhaus-Pädagogik abermals auf die Lückenbilder zurück. Diese sind bewusst so gestaltet, dass mehrere von ihnen in einen größeren Zusammenhang eingebunden und auf diese Weise zu **„Überblicksbildern“** (s. S. 11) zusammengestellt werden können. Als Beispiel kann erneut auf das bereits vorgestellte Lückenbild „Stoffe“ (s. S. 11 links) zurückgegriffen werden. Wenn dieses mit dem Lückenbild „Rohstoffe verarbeiten“ (s. S. 11 rechts) verbunden wird, werden die Zusammenhänge, die zwischen diesen Bereichen bestehen, anschaulich – und gerade für junge Kinder fassbar – zum Ausdruck gebracht: Wir Menschen müssen Stoffe erforschen, um ihre Eigenschaften herauszufinden. Dieses Wissen brauchen wir, um entscheiden zu können, welchen Rohstoff wir für die Herstellung einer Ware nutzen und wie wir ihn verarbeiten. Wasser beispielsweise hat die Eigenschaft zu verdunsten. Die Menschen nutzen sie zum Beispiel, um Obst zu trocknen. Lehm besitzt die Eigenschaft, Wärme gut speichern zu können, weshalb die Menschen überall auf der Welt Lehm u. a. zum Bau von Öfen nutzen.

Dieses Überblicksbild macht deutlich, dass die Kinder durch die Forscherhaus-Pädagogik tatsächlich ein tragfähiges Strukturwissen erwerben. Ein reines *Nebeneinander* von Gruppen beispielsweise stellt schließlich noch keine Struktur dar. Diese zeichnet sich vielmehr ganz zentral durch einen Wirkungszusammenhang aus: Eine Struktur macht deutlich, wie das eine auf das andere einwirkt. Aus dem *Nebeneinander* wird ein *Mit- und Durcheinander:* Zugleich bietet das Herstellen von Beziehungen und Zusammenhängen nicht nur wertvolle Wiederholungen, sondern neben der so bewirkten Festigung auch eine flexible Handhabung – eben weil der Sachverhalt immer aus einer anderen Perspektive betrachtet wird.

Lückenbild „Stoffe“

Lückenbild „Rohstoffe verarbeiten“

Konkrete Einführung in die Forschungen: Spannendes über Stoffe und Stoffeigenschaften

Wir Menschen müssen unsere Welt gestalten: Wir müssen Waren herstellen und neue Dinge erfinden. Immer müssen wir hierbei die Stoffe nutzen, die es in der Natur gibt. Genau deshalb ist es wichtig, diese Stoffe gut kennenzulernen: Erst wenn wir Menschen ihre Eigenschaften kennen, können wir sie nutzen, um mit ihrer Hilfe unsere Welt zu gestalten.

Ein erster Überblick über das Wichtigste

Egal ob Menschen kochen oder backen, ob sie Heizungen installieren, Häuser oder Fenster bauen, ob sie neue Transportwege suchen oder im Garten arbeiten – immer und überall müssen sie sich mit den Stoffen auseinandersetzen, aus denen unsere Welt besteht.
Zunächst einmal müssen die Menschen diese Stoffe erforschen, sie müssen ihre Eigenschaften und ihre Besonderheiten herausfinden. Dieses Wissen brauchen die Menschen, um zu erkennen, welchen Rohstoff sie wie nutzen und verarbeiten können: Wasser beispielsweise hat die Eigenschaft zu verdunsten. Diese Eigenschaft nutzen die Menschen unter anderem, wenn sie Obst trocknen. Lehm besitzt die Eigenschaft, Wärme gut speichern zu können, weshalb Menschen überall auf der Welt Lehm nutzen, um zum Beispiel Öfen zu bauen.

Ein etwas genauerer Einblick ins Thema

Wenn Menschen ihre Welt aufmerksam beobachten, entdecken sie eine ganze Menge spannender Dinge in ihr. Das war sogar schon in der Steinzeit so:

In einer Höhle entzündeten einige Menschen ein Feuer, um sich zu wärmen.

Plötzlich bemerkte jemand, wie etwas aus einem Stein, der nah am heißen Feuer lag, herausfloss …

Die Menschen staunten. Und sie staunten noch mehr, als das, was aus dem Stein herausgeflossen war, nach dem Erlöschen des Feuers erkaltete und unglaublich hart wurde.

Genau *das* gelang den Menschen bald tatsächlich:

Sie drückten die Form von Speerspitzen in feuchten Sand.

Dann erhitzten sie die Fließsteine …

und ließen das, was aus ihnen herausfloss, in die Speerspitzenform rinnen.

Und dann?

Logo: Dann erkalteten die Speerspitzenformen und die Menschen konnten hervorragende Speere bauen!

Und ganz nebenbei haben die Menschen dabei etwas Wichtiges über unsere Natur herausgefunden: **Jeder Stoff um uns herum hat ganz bestimmte Eigenschaften. Wenn jemand also etwas Bestimmtes mit diesem Stoff macht, reagiert er immer auf eine festgelegte Weise!**

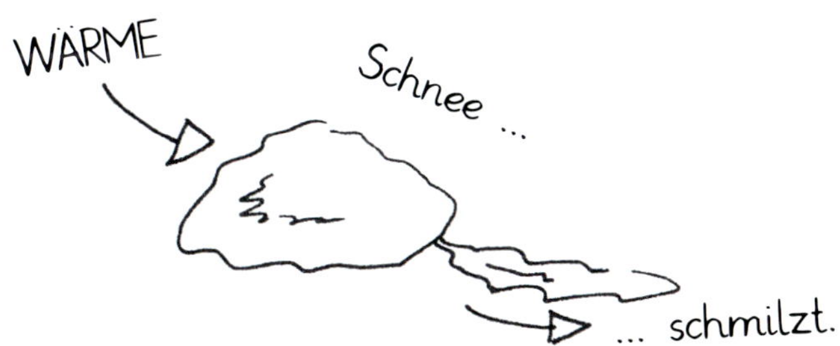

Stellen Sie sich vor: Es ist Winter und Sie sind einer der ersten Menschen. Dann aber kommt der erste warme Tag, die Sonne scheint und …

Durch das Beobachten haben Sie etwas gelernt:

Zum Glück aber sind Sie sooo klug, dass Sie die Natur weiterhin beobachten …

Dann kommt der nächste Tag. Es ist wunderbar warm und Sie formen Krüge, die Sie dann stehen lassen, weil Sie ein Mammut entdeckt haben. Das wollen Sie schnell jagen.

6 Stunden später:

Dann aber:

Sofort rennen Sie zu den Krügen zurück:

Jetzt haben Sie *noch* etwas Wichtiges herausgefunden, oder?

Die Stoffe um uns herum haben ganz **unterschiedliche Eigenschaften.** Besser gesagt: Jeder einzelne Stoff hat eine ganz bestimmte *Kombination* an Eigenschaften! Folglich müssen Sie jeden einzelnen Stoff erforschen, um seine Eigenschaftenkombinationen herauszufinden – und um dann zu überlegen, wie Sie ihn nutzen können.

Logo, oder?

Auf der folgenden Seite finden Sie Karteikarten, auf denen einige wichtige Stoffe und ihre Eigenschaften beschrieben sind. Sie können für die Kinder kopiert und ausgeschnitten werden.

Die wichtigsten Stoffeigenschaften und wie wir Menschen sie nutzen können – Kartei

Stoff: Metall
Eigenschaft: Es lässt sich biegen, ohne zu zerbrechen.
So kannst du diese Eigenschaft herausfinden: Biege eine Büroklammer.
So kannst du diese Eigenschaft nutzen: Biege aus Metallröhren tolle Stuhlgestelle.

Stoff: Metall
Eigenschaft: Es speichert Wärme gut.
So kannst du diese Eigenschaft herausfinden: Stelle einen Metalllöffel und einen Holzlöffel für fünf Minuten in heißes Wasser. Nimm beide Löffel dann vorsichtig heraus. Fühle nach kurzer Zeit behutsam: Welcher Stoff hat die Wärme besser gespeichert?
So kannst du diese Eigenschaft nutzen: Stelle eine Pfanne aus Metall her. Denn in der Pfanne soll es schließlich mollig warm werden, oder?

Stoff: Porzellan
Eigenschaft: Es ist sehr hart und stabil.
So kannst du diese Eigenschaft herausfinden: Wenn du eine Porzellantasse drückst oder hochhebst, verändert sie ihre Form nicht.
So kannst du diese Eigenschaft nutzen: In Porzellantassen kannst du viele Dinge aufbewahren, zum Beispiel Tee.

Stoff: Wasser
Eigenschaft: Es verdunstet in der Wärme. Damit ist gemeint, dass das Wasser zu Wasserdampf wird und davonschwebt.
So kannst du diese Eigenschaft herausfinden: Stelle einen Teller mit Wasser in die Küche. Warte einige Tage. Verschwindet das Wasser?
So kannst du diese Eigenschaft nutzen: Eigentlich musst du Geschirr nach dem Spülen nicht mehr abtrocknen. Die Feuchtigkeit verdunstet.

Stoff: Äste
Eigenschaft: Sie lassen sich biegen.
So kannst du diese Eigenschaft herausfinden: Probier's aus!
So kannst du diese Eigenschaft nutzen: Stelle einen Zaun her, indem du Äste miteinander verwebst.

Stoff: Lehm
Eigenschaft: Mit etwas Wasser vermischt, lässt er sich gut formen.
So kannst du diese Eigenschaft herausfinden: Probier's aus!
So kannst du diese Eigenschaft nutzen: Forme Figuren aus dem weichen Lehm.

Überblick über sinnvolle Abläufe innerhalb der Forschung „Stoffe und Stoffeigenschaften“

Beispiel-Forschung: „Die Stoffeigenschaft des Auslösens erforschen“		
Phase 1: Forschen, Handeln und Ausprobieren	**Phase 2: Strukturen erarbeiten und Inhalte übertragen**	**Phase 3: Zusammenhänge erkunden**
• Die Stoffeigenschaft des Auslösens erforschen: Tee kochen (s. S. 22) • Mach mit! Malen mit Tee (s. S. 23)	• Lückenbild „Stoffe“ füllen (s. S. 65) • Hasenpfeffer-Story „Gefärbtes Wasser“ (ab S. 48)	• Zusammenhang zum Verarbeiten von Rohstoffen erkunden: die Lückenbilder „Stoffe“ (s. S. 65) und „Rohstoffe verarbeiten“ (s. S. 66) zu einem Überblicksbild zusammenstellen und füllen (vgl. S. 40 f.)

Beispiel-Forschung: „Obst trocknen und Verdunstungsprozesse erforschen“		
• Die Stoffeigenschaft des Verdunstens erforschen: Obst trocknen (s. S. 24–27)	• Lückenbild „Stoffe“ füllen (s. S. 65) • Hasenpfeffer-Story „Graf Xaver streichelt den Boden“ (ab S. 50)	• Zusammenhang zum Ausführen von Regeln erforschen: Experimente zum Trennen von Stoffen durchführen (s. S. 43–46) und anschließend die Lückenbilder „Stoffe“ (s. S. 65) und „Regeln festlegen und umsetzen“ (s. S. 66) zu einem Überblicksbild zusammenstellen und füllen (vgl. S. 40 f.)

Beispiel-Forschung: „Die Stoffeigenschaft des Schmelzens erforschen – und was Wärme alles bewirken kann“		
• Die Stoffeigenschaft des Schmelzens erforschen: Schoko-Lollis herstellen (s. S. 28) • Die Stoffeigenschaft des Wärmeleitens erforschen (s. S. 29)	• Lückenbild „Stoffe“ füllen (s. S. 65) • Hasenpfeffer-Story „Lehmkannen und Eiswürfel“ (ab S. 52) • Denkaufgabe „Herd“ (s. S. 35/36) • Denkaufgabe „Fingerhut“ (s. S. 36) • Leseheft „Oma Theodoras Erfinderwerkstatt. Heute: Wärme“ (ab S. 58)	• Zusammenhang zum Verarbeiten von Rohstoffen erkunden: Brezeln backen (s. S. 42) und anschließend die Lückenbilder „Stoffe“ (s. S. 65) und „Rohstoffe verarbeiten“ (s. S. 66) zu einem Überblicksbild zusammenstellen und füllen (vgl. S. 40 f.)

Beispiel-Forschung: „Die Stoffeigenschaft des Biegens erforschen“		
• Die Stoffeigenschaft des Biegens erforschen: Einen Stoff weben (s. S. 30) • Mach mit! Drähte herstellen (s. S. 31) • Aus Drähten Türme und Häuser biegen (s. S. 32)	• Lückenbild „Stoffe“ füllen (s. S. 65) • Hasenpfeffer-Story „Ein Gitter fürs Papier“ (s. S. 56) • Denkaufgabe „Spanplatten“ (s. S. 34)	• Zusammenhang zum Verarbeiten von Rohstoffen erkunden: die Lückenbilder „Stoffe“ (s. S. 65) und „Rohstoffe verarbeiten“ (s. S. 66) zu einem Überblicksbild zusammenstellen und füllen (vgl. S. 40 f.)

Und was ist, wenn Sie zum Erforschen von Stoffeigenschaften ganz andere Themen anbieten möchten?

Kein Problem: Tun Sie das! Lassen Sie Experimente durchführen und bauen. Lassen Sie die Lückenbilder zum Füllen und Festhalten des Erarbeiteten nutzen. Verwenden Sie das, was Ihre Schülerinnen und Schüler bereits an Verfahren, Sachwissen und Einsichten gewonnen haben, um all dies in weiteren Arbeitssituationen gewinnbringend anwenden zu lassen – und um Einzelthemen in einen Zusammenhang einzugliedern, der hilft, unsere Welt besser zu überblicken. Kurz gesagt: Die Forscherhaus-Pädagogik bietet den roten Faden für Ihre Ideen!

Auf den folgenden Seiten ist eine Auswahl von Handlungsanregungen aufgeführt, wie die Forschung **„Stoffe und Stoffeigenschaften"** im Unterricht handelnd erarbeitet werden kann. Für die folgenden Unterthemen werden Handlungsanregungen geboten:

Um die Beobachtungen und das daraus erworbene Wissen dokumentieren zu können, finden Sie auf den Seiten 19 – 21 („Ich kann das selbst! So lernen Ihre Schülerinnen und Schüler, eigene Dokumentationen zu erstellen") eine Anleitung, wie Ihre Schülerinnen und Schüler ohne vorgefertigte Arbeitsblätter oder Kopiervorlagen eigene Dokumentationen erstellen können.

„Ich kann das selbst!" So lernen Ihre Schülerinnen und Schüler, eigene Dokumentationen zu erstellen

Warum sollten Schülerinnen und Schüler dies lernen?

a) Weil das Erstellen von Dokumentationen eine Technik ist, die fast jeder Mensch immer wieder benötigt.
b) Weil Ihre Schülerinnen und Schüler auf diese Weise von Anfang an in wichtigen Ernstsituationen die grundlegenden Vorgehensweisen erwerben, die sie benötigen, um Textformen wie Rezepte, Anleitungen und Versuchsbeschreibungen erstellen zu können.

Wie können Sie Ihren Schülerinnen und Schülern das eigenständige Erstellen von Dokumentationen vermitteln? Nutzen Sie hierfür die folgenden Schritte:

1. Wählen Sie ein Experiment, das Ihre Schülerinnen und Schüler dokumentieren sollen, zum Beispiel das Herstellen von Rosinen.
2. Führen Sie gemeinsam mit Ihren Schülerinnen und Schülern die Handlungen aus.
3. Überlegen Sie im Anschluss mit Ihren Schülerinnen und Schülern, was diese getan haben. Rekapitulieren Sie alle Schritte chronologisch. Hierfür kann es hilfreich sein, die einzelnen Schritte auch noch einmal an die Tafel zu zeichnen.
4. Bitten Sie Ihre Schüler, diesen Ablauf schriftlich festzuhalten, damit sie sich auch später noch daran erinnern können. Gehen Sie beim ersten Mal gemeinsam Schritt für Schritt vor:
   - Wie könnte die Überschrift lauten? Sammeln Sie mehrere Vorschläge und schreiben Sie eine ganz nach oben an die Tafel – beispielsweise: „Wir stellen Rosinen her!" Unterstreichen Sie die Überschrift.

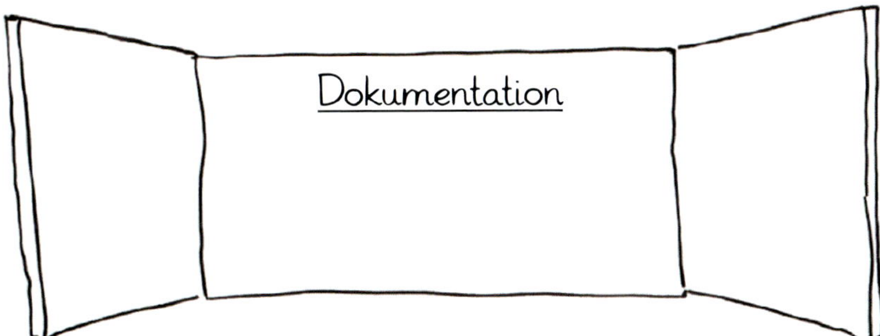

   - Jeder Schüler notiert auf einem eigenen Blatt die **Überschrift.**
   - Nun wird überlegt, was als Erstes dokumentiert werden muss, und zwar die benötigten Materialien. Schreiben Sie also an die Tafel: **Ich brauche:**

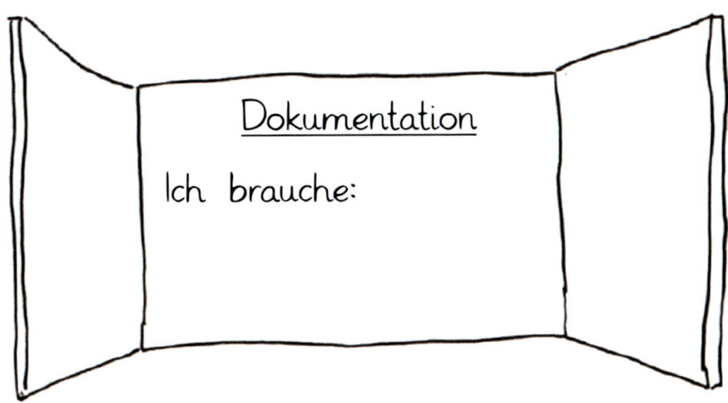

• Die Schülerinnen und Schüler schreiben dies ab und notieren schriftlich oder bildlich alle benötigten Materialien, also etwa „grüne, kernlose Weintrauben, 1 Topf, Wasser" usw.
• Nun schreiben Sie an die Tafel: **Ich tue:**

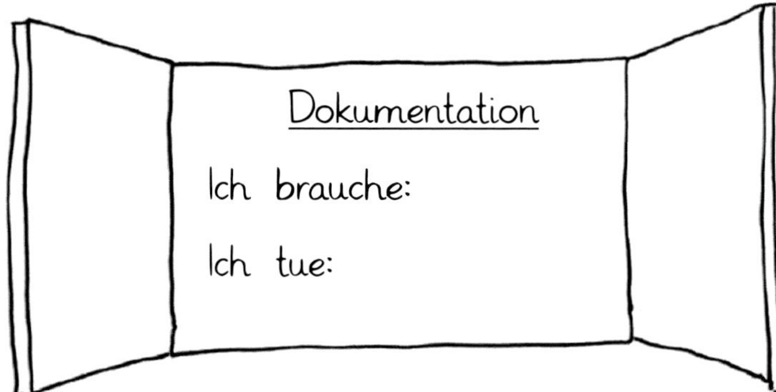

• Die Schülerinnen und Schüler schreiben dies unter ihre vorherigen Eintragungen und fügen nun – ebenfalls wieder schriftlich oder bildlich – hinzu, was sie mit diesen Materialien getan haben.

Abhängig von den eigenen Schreibfertigkeiten und Vorlieben kann jedes Kind selbst entscheiden, was es malen und was es schreiben möchte. Unabhängig davon sollten Sie jedoch nach und nach die folgenden Darstellungshilfen einführen:

• Abläufe können wahlweise mit Hilfe von Pfeilen oder Nummerierungen gekennzeichnet werden.
• Mit Farben können wichtige Details prägnant hervorgehoben werden – was aber nur gelingt, wenn das eigentliche Bild eine Schwarz-Weiß-Zeichnung ist.

• Nun schreiben Sie an die Tafel: **Ich lerne:**

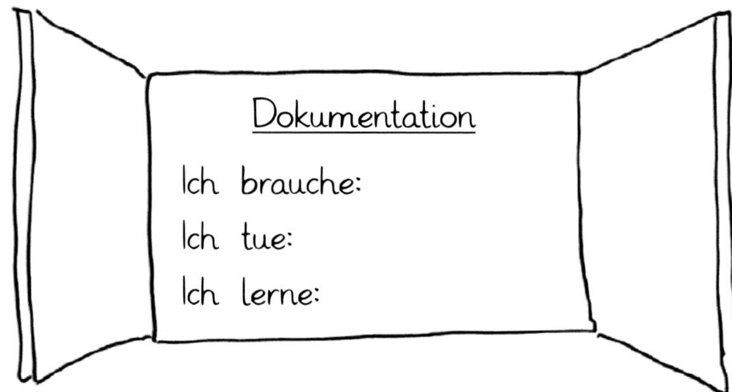

• Die Schülerinnen und Schüler schreiben dies *unter* die bisherigen Eintragungen und fügen nun – schriftlich oder bildlich – eine Art Quintessenz hinzu. Möglich ist es auch, diese nach den Versuchen an der Tafel vorzugeben und von den Schülern abschreiben zu lassen.

5. Wählen Sie im Sitzkreis drei gute Schülerbeispiele aus und besprechen Sie mit Ihren Schülerinnen und Schülern, was an diesen Arbeiten besonders gelungen ist. Auf diese Weise können Sie auch die oben beschriebenen Darstellungshilfen hervorheben – beispielsweise Trauben, die zunächst grün und später dann braun-verschrumpelt gezeichnet werden. Wenn Sie diesen Ablauf regelmäßig wiederholen, festigt er sich – und die Kinder haben eine langfristig einsetzbare Lerntechnik erworben.

Beispiele von Schülerdokumentationen:

Die Stoffeigenschaft des Auslösens erforschen: Tee kochen

Die Stoffeigenschaft des *Auslösens* besagt, dass sich ein bestimmter Stoff in Wasser oder einer anderen Flüssigkeit nicht auflöst, sondern dass er vielmehr Farb- und/oder Geschmacksstoffe *auslöst.* Der Stoff bleibt sozusagen im Wasser enthalten, gibt aber Farb- und/oder Geschmacksstoffe an dieses ab. Als weiterführendes Angebot können Sie Seite 23 („Mach mit! Malen mit Tee") für die Schülerinnen und Schüler kopieren und gemeinsam mit ihnen durchführen.

Jahrgänge:	ab Klasse 1
verwendete Methode:	Experimente durchführen
Material:	für alle Kinder: Gläser, lauwarmes Wasser, verschiedene Tee- und Gewürzsorten ebenso wie alle anderen Stoffe, die auf die Eigenschaft des Auslösens hin untersucht werden sollen
zeitlicher Umfang:	ca. 1–2 Unterrichtsstunden (je nach Anzahl der Stoffe)
Ablauf:	Das Wasser wird in die Gläser gegeben. Anschließend werden die zu erforschenden Stoffe in das Wasser gelegt. Nun wird zuerst beobachtet und dann besprochen, was geschieht.

Tee wird in Wasser ausgelöst.

Zimtstangen werden in Wasser ausgelöst.

Mach mit! Malen mit Tee

Material: einige unterschiedliche Teeblätter und -blüten (z. B. Pfefferminze, Rooibos, Kamillenblüten), einige Gläser, etwas Wasser, 1 Pinsel, Papier

Versuch es selbst: Gib die Teeblätter und -blüten jeweils in verschiedene Gläser und fülle Wasser dazu. Jetzt musst du ein Weilchen warten. Was geschieht?

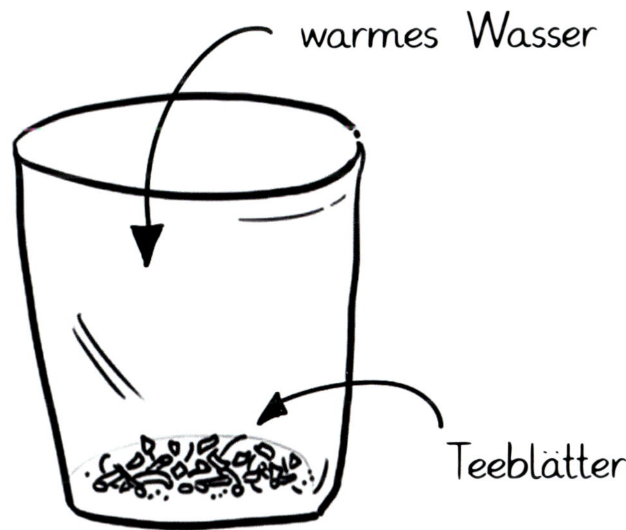

Male mit den Farben der verschiedenen Teesorten ein Bild. Welche Farbe gefällt dir am besten?

Die Stoffeigenschaft des Verdunstens erforschen: Obst trocknen (1)

Wasser besitzt die Eigenschaft, bei Wärme zu verdunsten. Diese Stoffeigenschaft lässt sich in vielfältigen Situationen beobachten und erforschen: Warum ist die Straße nach dem Regen irgendwann wieder trocken? Weshalb trocknet Wäsche an heißen Tagen besonders gut?
Wie können wir Menschen diese Stoffeigenschaft für uns nutzen?

Jahrgänge:	ab Klasse 1
verwendete Methode:	Experimente durchführen
Material:	für alle Kinder: Schneidebrettchen, Schälmesser, Baumwoll- oder Küchentücher, Küchenwaage, Maßband oder Lineal außerdem: einige Äpfel, Bananen und Birnen
zeitlicher Umfang:	ca. 1–2 Unterrichtsstunden (je nach Anzahl der Obstsorten)

Ablauf:

1. Das Obst wird geschält und in schmale Scheiben geschnitten.

2. Die Obstscheiben werden zum Trocknen auf ein Küchen- oder Baumwolltuch gelegt. Der Durchmesser der Obstscheiben sollte mit dem Lineal oder dem Maßband gemessen und mit der Küchenwaage gewogen werden. Die Daten sollten dokumentiert werden. Die Obstscheiben müssen mehrmals täglich gewendet werden.

3. Nun können die Kinder beobachten, wie die Feuchtigkeit verdunstet. Sie sollten beschreiben, woran sie dies erkennen können. Die Obstscheiben sollten zwischendurch immer wieder gemessen sowie gewogen und die Daten dokumentiert werden.

Die Stoffeigenschaft des Verdunstens erforschen: Obst trocknen (2)

Bereits nach kurzer Zeit ist für die Kinder eine Veränderung auch mit dem bloßen Auge zu erkennen: Das Obst schrumpelt und es wird vor allem kleiner. Damit die Kinder dies wirklich erkennen und nicht nur vermuten, ist es wichtig, die einzelnen Obstscheiben zu messen und möglichst auch zu wiegen. Im Sitzkreis muss dann überlegt werden, warum sich das Obst verändert: Weil die Feuchtigkeit in den Obstscheiben verdunstet, trocknen sie und werden entsprechend leichter bzw. kleiner.

Hilfe zum Erklären des Verdunstungsprozesses:

Wasser besteht, wie alle anderen Stoffe auch, aus winzig kleinen Teilchen. Das sind die Moleküle. Wenn es richtig kalt ist, bewegen sich die Moleküle kein bisschen und haften eng aneinander. Wenn es jedoch wärmer wird, nehmen die Moleküle Wärme auf. Wir können auch sagen: Wärmeenergie. Denn mit dieser Energie „zappeln“ die Moleküle immer stärker herum.
So wird zum Beispiel festes Eis flüssig. Wenn die Wärme noch größer wird, wird auch das „Zappeln“ der Moleküle immer heftiger: Sie bewegen sich so sehr, dass sie kaum mehr aneinanderhaften. Die Moleküle schweben dann als Wasserdampf einfach davon.

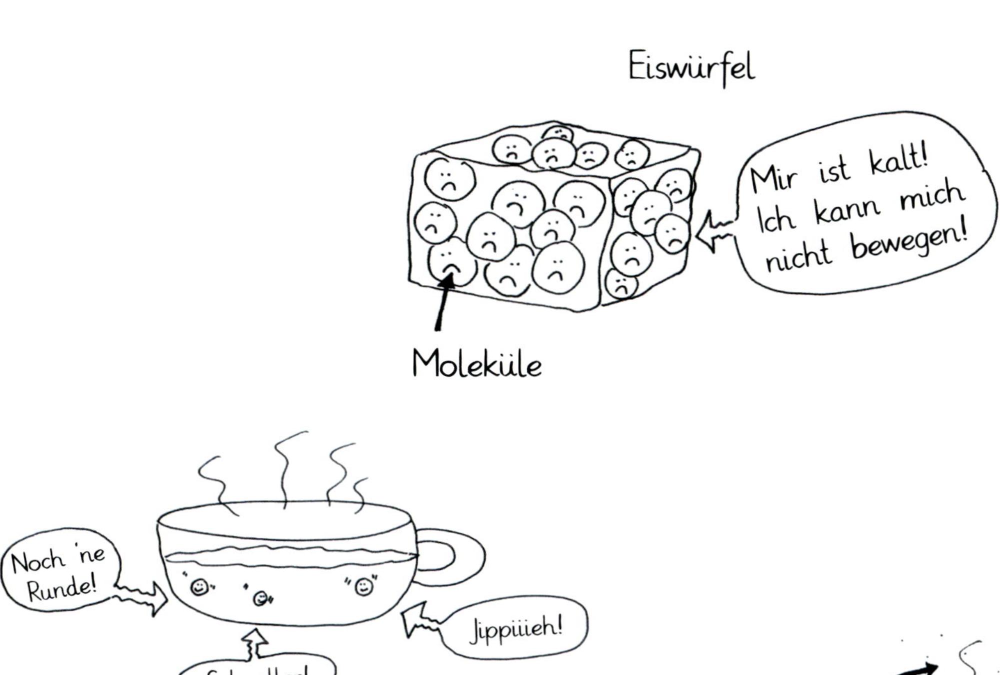

Sinnvolle Varianten und Ergänzungen zum Thema „Verdunsten“ (1)

Variante 1: Rosinen herstellen

Material: 1 Topf, Herd, 1 Sieb, grüne kernlose Weintrauben (so viele, wie Sie Rosinen herstellen möchten), Gitterroste, einige Baumwolltücher

Ablauf:

1. Wer Rosinen herstellen möchte, nutzt ebenfalls die Eigenschaft des Verdunstens. Zunächst werden grüne, kernlose Trauben in einen Topf mit kochendem Wasser gegeben.
2. Wenn sie aufplatzen, werden sie in ein Sieb geschüttet.
3. Nun wird ein Baumwolltuch über ein Gitter ausgebreitet und die Trauben werden daraufgelegt. Sie dürfen sich nicht berühren und müssen mehrmals täglich gewendet werden. Je nach Raumtemperatur dauert es vier bis sieben Tage, bis die Weintrauben getrocknet sind.
4. Nach einer Weile sind aus den Trauben Rosinen geworden. Der direkte Vergleich von Traube und Rosine ist für die Kinder sehr beeindruckend.

Zusammenhänge erforschen:

Um Rosinen herzustellen, wird die Eigenschaft des Verdunstens genutzt. Dieses Beispiel macht deutlich, wie eng Wirtschaft und Naturwissenschaften zusammenhängen: Wir Menschen mussten zunächst die Natur erforschen und vielfältige Stoffeigenschaften in ihr entdecken, um diese anschließend für das Herstellen bestimmter Waren zu nutzen.

Sinnvolle Varianten und Ergänzungen zum Thema „Verdunsten“ (2)

Variante 2: Zwei Äpfel im Vergleich

Material: 2 gleich große Äpfel, 1 Teller, 1 Messer

Ablauf: Zunächst wird einer der beiden Äpfel geschält. Dann werden beide Äpfel auf die Fensterbank gestellt. Nun heißt es abwarten – wenn nötig, mehrere Wochen lang. Der geschälte Apfel wird sich schneller verändern als der ungeschälte. Aber auch der ungeschälte Apfel zeigt irgendwann Spuren von Veränderung, denn das in ihm enthaltene Wasser verdunstet und der Apfel wird klein und schrumpelig.

Der geschälte Apfel auf diesem Foto wurde nicht gegessen! Durch das Verdunsten der enthaltenen Feuchtigkeit ist er so stark geschrumpft.

Die Stoffeigenschaft des Schmelzens erforschen: Schoko-Lollis herstellen

Welche Stoffe werden flüssig, wenn sie erhitzt werden? Welche Stoffe können wir also in Formen gießen, um ihnen so eine bestimmte Gestalt zu geben, die sie behalten, wenn sie wieder erkaltet sind? Schokolade beispielsweise besitzt die Eigenschaft, bei Hitze zu schmelzen und wieder zu erstarren, wenn sie kühl wird. Diese Eigenschaft nutzen wir, um Schokolade zu formen.

Jahrgänge:	ab Klasse 1
verwendete Methode:	Experimente durchführen
Material:	1 Topf, Herd, einige Tafeln Schokolade, leere und gereinigte Joghurtbecher, mehrere Löffel oder Schaschlikspieße
zeitlicher Umfang:	ca. 1 – 2 Unterrichtsstunden

Ablauf:

1. Die Schokolade wird zerbrochen und in einem Wasserbad geschmolzen.
2. Dann wird die heiße, flüssige Schokolade in leere Joghurtbecher gegeben.
3. Schließlich wird ein Löffel oder Schaschlikspieß in die noch heiße Schokolade gesteckt. Nun muss gewartet werden, bis diese kalt und hart geworden ist. Dann können die Schoko-Lollis aus dem Joghurtbecher gelöst werden.

Sinnvolle Varianten und Ergänzungen

Variante: Die Stoffeigenschaft des Wärmeleitens erforschen

Manche Stoffe besitzen die Eigenschaft, Wärme weiterzuleiten. Damit Ihre Schülerinnen und Schüler dies anschaulich nacherleben können, bietet sich das folgende Experiment an.

Material: 1 Glas, 1 Löffel aus Holz, 1 Löffel aus Metall, 1 Löffel aus Glas, heißes Wasser; ggf. auch 1 Topf bzw. 1 Pfanne

Ablauf: Die drei Löffel werden in das Glas gestellt. Anschließend wird heißes Wasser in das Glas gegossen. Die Schüler überlegen, was nach einer Weile wohl passieren wird, wenn sie die drei Löffel anfassen. Nach Äußern der Vermutungen überprüfen sie diese, indem sie die Löffel der Reihe nach anfassen. **Achtung:** Bitte prüfen Sie selbst zunächst, ob der Metall- und der Glaslöffel nicht bereits zu heiß zum Berühren sind. Dann müssten die Kinder abwarten, bis die Löffel abgekühlt sind.
Im anschließenden Gespräch werden die Ergebnisse gesichert: Holz ist ein schlechter Wärmeleiter, während Glas und Metall gute Wärmeleiter sind.
Ergänzend sollte den Schülern eine Metallpfanne oder ein Metalltopf gezeigt werden. Sie überlegen, aus welchem Material der Topf bzw. die Pfanne hergestellt worden ist – und warum!

Die Stoffeigenschaft des Biegens erforschen: Einen Stoff weben

Es gibt viele verschiedene Stoffe, die biegsam sind. Oft wird die Stoffeigenschaft der Biegsamkeit ganz unterschiedlich genutzt, um Gegenstände herzustellen. Hier erfahren die Kinder, dass Wolle biegsam ist.

Jahrgänge: ab Klasse 1

verwendete Methode: bauen

Material: für jedes Kind: Stöcke und Äste, fester Bindfaden, mehrere Knäuel Wolle in unterschiedlichen Farben und Fadenstärken, Messer

zeitlicher Umfang: ca. 6 – 7 Unterrichtsstunden

Ablauf:

1. Je vier Stöcke werden mit dem Bindfaden an ihren Enden zu einem Viereck verbunden.

2. Zunächst werden die Längsfäden eingefügt. Um das Einfügen zu erleichtern, können die beiden Endstöcke eingeritzt werden. **Achtung:** Dies sollte nur unter der Aufsicht der Lehrkraft geschehen.

3. Dann kann mit dem Weben begonnen werden: Nun erfahren die Kinder, wie sie aus den biegsamen Wollfäden Stoffe fertigen können.

Mach mit! Drähte herstellen

Drähte bestehen aus Metall. Das weißt du bereits. Und du weißt vielleicht auch schon, wie wir Menschen Metalle beschaffen: Aus einem Bergwerk holen wir Eisenerze. So nennen wir metallhaltige Steine. Die erhitzen wir so stark, bis das Metall in ihnen flüssig wird und in große Formen hineinfließt. Dort lassen wir es erkalten, bis es wieder fest wird.

Dann brauchen wir gewaltige Walzen. Mit denen walzen und rollen wir die Metallklötze zu dünnen Stangen.

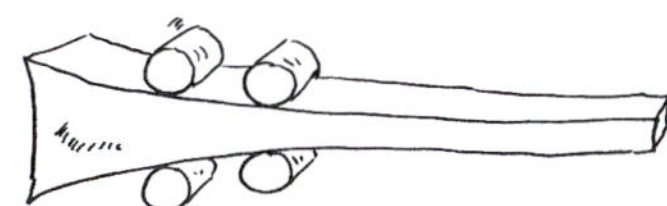

Diese dünnen Stangen müssen noch stärker verdünnt werden, um zu dünnen Drähten zu werden.

Hierfür wird eine Stange durch ein Loch gezogen, das zu einer Seite hin ein wenig kleiner wird. Wird der Draht durch eine solche Öffnung gezogen, wird er dünner und länger.

Hier siehst du ein Gestell mit vielen Öffnungen, das für das Drahtziehen hergestellt worden ist.

Und das hier ist ein ganz altes Zieheisen, das auch schon die Wikinger verwendet haben, um Drähte zu ziehen.

Biege eine Figur

Drähte lassen sich biegen. Also besorge dir einen Draht, biege ihn zu einer schönen Figur und klebe sie auf ein Blatt Papier.

Du siehst: Wenn wir Metall biegen und formen, nutzen wir seine Eigenschaft, biegsam zu sein!

Sinnvolle Varianten und Ergänzungen zum Thema „Biegen“

Variante: Aus Drähten Türme und Häuser biegen

Material: Drähte in unterschiedlicher Stärke, Butterbrotpapier oder ähnliches Material

Ablauf: Die Schülerinnen und Schüler erhalten Drähte, aus denen sie das Gerüst eines Hauses oder eines Turmes biegen sollen. Die Seiten können anschließend mit Hilfe von Butterbrotpapier o. Ä. verkleidet werden. Sinnvoll ist es, für diesen Versuch Drähte in unterschiedlicher Stärke zur Verfügung zu stellen. Auf diese Weise kann erforscht werden, welchen Einfluss die Stärke des Drahtes auf seine Verarbeitung sowie auf die schließlich erlangte Stabilität hat.

Das Gelernte durchschauen und Parallelen finden

Methode 1: Das entsprechende Lückenbild füllen

Unsere Welt ist komplex und oft unübersichtlich – und doch sind in ihr zentrale Abläufe zu beobachten, die sich auf vielfältige Art und Weise wiederholen. Deshalb hat das Forscherhaus Materialien entworfen, die helfen, diese zentralen Wirklichkeitsausschnitte zu durchschauen, zu übertragen und zu festigen. **Lückenbilder** bringen die übertragbaren Strukturen prägnant zum Ausdruck und können bereits von Grundschulkindern für vielfältige passende Themen gefüllt werden.
In diesem Sinne verdeutlicht das Lückenbild „Stoffe", dass es auf unserer Erde viele verschiedene Stoffe gibt, die alle ganz unterschiedliche Eigenschaften haben, weshalb die Menschen sie unterschiedlich nutzen können.
Während sich die Schülerinnen und Schüler somit während der ersten Phase durch das Handeln klare Vorstellungen aneignen und mit ihren Händen die unterschiedlichen Eigenschaften im wahrsten Sinne des Wortes begreifen, geben sie mit den Lückenbildern dem durch das Handeln Erfahrenen Ordnung und Struktur: Sie durchschauen den Aufbau und die Zusammensetzung zentraler Schwerpunkte unserer Welt. Sie begreifen, dass jeder Stoff ganz besondere Eigenschaften hat – die wir Menschen nutzen müssen, wenn wir aus ihm Waren herstellen möchten.
Um diese Strukturen zu sichern und regelmäßig zu wiederholen, nutzt die Forscherhaus-Pädagogik die entwickelten Lückenbilder. Die Umrisse des aktuellen Lückenbildes werden an die Tafel gezeichnet. Die Schülerinnen und Schüler übertragen die Umrisse auf ein Blatt Papier und füllen das Lückenbild mit kleinen Zeichnungen und Wörtern, die von dem gerade erforschten Stoff und seinen Eigenschaften erzählen. Die Lückenbilder finden Sie im Anhang (ab S. 65).

Tipp:
Sind Ihre Schülerinnen und Schüler mit der Arbeit mit Lückenbildern noch unvertraut, ist es ratsam, das Lückenbild die ersten ein oder zwei Mal gemeinsam an der Tafel auszufüllen.

Methode 2: Erzählforschungen

Um den Schülern bei der Sicherung und Wiederholung der erarbeiteten Strukturen zum einen eine Methodenvielfalt zu bieten und sie zum anderen zu flexiblem Denken herauszufordern, hat die Forscherhaus-Pädagogik spannende und witzige Geschichten entwickelt, die weitere Beispiele für bestimmte Phänomene liefern und das Gelernte festigen.
Für diese Geschichten greift die Forscherhaus-Pädagogik stets auf vertraute Identifikationsfiguren zurück. Dies ist neben dem Jungen Zacharias und seinem Großvater Graf Xaver, die beide auf der Burg Clevercastle leben, vor allem das Gespenst Hasenpfeffer, das in dieser Burg die Menschen erforscht. Da Hasenpfeffer noch nicht wirklich viel über das Leben der Menschen weiß, geschehen ständig witzige und kuriose Dinge. Die Hasenpfeffer-Storys befinden sich im Anhang (ab S. 48).

Hinweise zum Vortragen:

Erzählen ist immer besser als Vorlesen. Wenn Sie die Hasenpfeffer-Storys erzählen möchten, sollten Sie die folgenden Hilfen beachten:

- Trainieren Sie das Erzählen: Erzählen Sie sich die Geschichte mindestens zwei- oder dreimal selbst laut.
- Spielen Sie mit Betonung, Mimik und Gestik: Suchen Sie den Blickkontakt zu den Kindern, nutzen Sie Ihre Hände für erläuternde Bewegungen, verwenden Sie unterschiedliche Lautstärken und Betonungen.

Manchmal genügt es, eine Geschichte „nur" zu erzählen. Aber oft sollte im Anschluss auch über sie gesprochen werden – und es macht zuweilen Sinn, zur jeweils in der Geschichte thematisierten Stoffeigenschaft das Lückenbild „Stoffe" zu füllen.

Methode 3: Denkaufgaben

Mit Hilfe der Denkaufgaben wenden die Schülerinnen und Schüler die zuvor erarbeiteten Strukturen an und trainieren zugleich ihr flexibles Denken. Im Folgenden werden einige Denkaufgaben zum Thema „Stoffe und Stoffeigenschaften" vorgestellt.

Denkaufgabe 1: Spanplatten

Material: 1 Säckchen oder Karton (eine kleine Spanplatte sollte hineinpassen), 1 kleine Spanplatte, 1 Handvoll Holzspäne, Fotos von der Herstellung einer Spanplatte (z. B. aus dem Internet), die Lückenbilder „Stoffe" (s. S. 65) und „Rohstoffe verarbeiten" (s. S. 66), CD-Player, ruhige Musik

Ablauf:

- Die Kinder sitzen im Sitzkreis. In der Mitte liegt ein Säckchen bzw. Karton mit der Spanplatte darin. Die Lückenbilder, die Holzspäne sowie die Fotos behält die Lehrkraft noch verdeckt bei sich.
- Ein Kind holt den Gegenstand aus dem Säckchen / Karton und beschreibt ihn. Wichtig ist, dass bereits jetzt besprochen wird, aus welchem Rohstoff diese Ware hergestellt worden ist. Die Antwort „Holz" genügt hierbei nicht, sondern es muss deutlich werden, dass als Rohstoff der „Holzabfall" verwendet wird, der beispielsweise beim Sägen anfällt. Wenn die Kinder nicht auf diese Idee kommen, werden sie gebeten, sich die Platte noch einmal genauer anzuschauen. Anschließend werden den Kindern die Holzspäne gezeigt.
- Nun wird die Spanplatte im Kreis herumgegeben und den Kindern wird ihre Aufgabe genannt: Sie sollen überlegen, wie eine Spanplatte hergestellt werden könnte. Dazu wird leise Musik angestellt. Jedes Kind hat Zeit, die Spanplatte zu betrachten.
- Die Kinder gehen nun an ihre Tische und zeichnen ihre Idee auf.
- Zum Schluss werden drei Schülerarbeiten im Sitzkreis vorgestellt. Während der Gespräche wird überlegt, welche Stoffeigenschaften bei der Herstellung von Spanplatten verwendet werden (z. B.: Späne sind pressbar). Die Lehrkraft legt die Lückenbilder in die Mitte des Sitzkreises. Gemeinsam wird überlegt, wie die einzelnen Räume gefüllt werden können. Die Lehrkraft, eine Schülerin oder ein Schüler füllt die Lückenbilder entsprechend. Zur Unterstützung werden

den Kindern die Fotos von der Herstellung einer Spanplatte gezeigt und in die richtige Reihenfolge gebracht. Wichtig ist, dass immer dann, wenn ein Zimmer gefüllt wird, die entsprechenden Begriffe „Rohstofflager“, „Werkzeuglager“, „Verarbeitung“, „Warenlager“ bzw. „Stoffeigenschaften“ genannt werden.

Spannende Informationen:

Max Himmelheber (1904–2000) war ein deutscher Erfinder und Unternehmer. In der Schreinerei seiner Eltern fiel ihm auf, dass ein Großteil des Holzes eines Baumes – also beispielsweise Holzabfälle, Holzspäne, Äste und Sägemehl – nicht verwendet wurde. Also arbeitete er an einer Erfindung, mit der auch diese Teile des Holzes verwendet werden konnten. Er erfand die Spanplatte, die aus unterschiedlich großen, mit Leim vermischten Spänen besteht, die zu Platten zusammengepresst werden.

Denkaufgabe 2: Herd

Material: 1 Säckchen oder kleiner Karton, 1 kleines Stück Holz, etwas Lehm, Foto eines Lehmofens (s. S. 37), die Lückenbilder „Stoffe“ (s. S. 65) und „Rohstoffe verarbeiten“ (s. S. 66), CD-Player, ruhige Musik

- Die Kinder sitzen im Sitzkreis. In der Mitte befindet sich das Säckchen bzw. der Karton mit dem Stück Holz und dem Lehm darin. Die Lückenbilder sowie das Foto behält die Lehrkraft noch verdeckt bei sich.
- Ein Kind holt die Gegenstände aus dem Säckchen bzw. Karton und beschreibt sie.
- Die Gegenstände werden im Kreis herumgereicht. Dazu wird leise Musik angestellt. Den Kindern wird nun die Aufgabenstellung genannt: Sie sollen aus den vorhandenen Rohstoffen einen Ofen erfinden.
- Die Kinder gehen an ihre Tische und zeichnen ihre Ideen auf.
- Zum Schluss werden drei Schülerarbeiten im Sitzkreis vorgestellt. Während der Gespräche wird überlegt, welche Stoffeigenschaften bei der Herstellung des Lehmofens verwendet werden. Die Lehrkraft legt die Lückenbilder in die Mitte des Sitzkreises. Gemeinsam wird überlegt, wie die einzelnen Räume gefüllt werden können. Die Lehrkraft, eine Schülerin oder ein Schüler füllt die Lückenbilder entsprechend. Zur Unterstützung wird den Kindern das Foto von der Herstellung eines Lehmofens gezeigt. Wichtig ist, dass immer dann, wenn ein Zimmer gefüllt wird, die entsprechenden Begriffe „Rohstofflager“, „Werkzeuglager“, „Verarbeitung“, „Warenlager“ bzw. „Stoffeigenschaften“ genannt werden.

Spannende Informationen:

Das auf Seite 37 abgedruckte Foto zeigt eine „Straßenbäckerei“ in Usbekistan. Es kann – auf DIN A4 hochkopiert – verwendet werden, um eine mögliche Lösung für die Aufgabenstellung der Kinder zu visualisieren.

Bei diesem Foto ist es wichtig, die Aufmerksamkeit der Kinder zu lenken: Wenn sie erkennen, was sich auf dem Grund des kreisförmigen „Ofens“ befindet (Asche), können sie Schritt für Schritt der Funktionsweise (s. S. 36) auf die Spur kommen.

Funktionsweise:

Im Inneren eines Lehmofens wird ein Feuer angezündet, das die Wände aus Lehm erhitzt. Wenn die Wände heiß sind und das Feuer erloschen ist, werden die Teigfladen an die Wände gedrückt. Die Wärme „backt" jetzt das Brot. Entscheidend für den Unterricht ist, dass wichtige Eigenschaften des Lehms wiederholt werden: **Lehm speichert Wärme gut.**

Denkaufgabe 3: Fingerhut

Material: 1 Säckchen oder kleiner Karton, Foto eines Werkzeugs zum Herstellen von Fingerhüten (s. S. 37), 1 Fingerhut, die Lückenbilder „Stoffe" (s. S. 65) und „Rohstoffe verarbeiten" (s. S. 66), CD-Player, ruhige Musik

- Die Kinder sitzen im Sitzkreis. In der Mitte befindet sich das Säckchen bzw. der Karton mit dem Foto eines Werkzeugs zum Herstellen von Fingerhüten sowie einem Fingerhut darin. Die Lückenbilder sowie das Foto behält die Lehrkraft noch verdeckt bei sich.
- Ein Kind holt die Gegenstände aus dem Säckchen bzw. dem Karton und beschreibt sie. Wichtig ist, dass bereits jetzt besprochen wird, aus welchem Rohstoff die Ware hergestellt worden ist. Außerdem sollte die Verwendung eines Fingerhuts besprochen werden.
- Nun wird der Fingerhut gemeinsam mit dem Foto im Kreis herumgereicht. Es wird leise Musik angestellt. Alle Kinder haben Zeit, die Gegenstände in Ruhe zu betrachten. Zugleich sollen die Kinder überlegen, wie ein Fingerhut mit Hilfe des abgebildeten Werkzeugs hergestellt werden könnte.
- Die Kinder gehen an ihre Tische und zeichnen ihre Ideen auf.
- Zum Schluss werden drei Schülerarbeiten im Sitzkreis vorgestellt. Während der Gespräche wird überlegt, welche Stoffeigenschaften bei der Herstellung des Werkzeugs verwendet werden. Die Lehrkraft legt die Lückenbilder in die Mitte des Sitzkreises. Gemeinsam wird überlegt, wie die einzelnen Räume gefüllt werden können. Die Lehrkraft, eine Schülerin oder ein Schüler füllt die Lückenbilder entsprechend. Wichtig ist, dass immer dann, wenn ein Zimmer gefüllt wird, die entsprechenden Begriffe „Rohstofflager", „Werkzeuglager", „Verarbeitung", „Warenlager" bzw. „Stoffeigenschaften" genannt werden.

Herstellung von Fingerhüten

Metall, das die Eigenschaft besitzt, bei Hitze zu schmelzen, wird erhitzt und in die Löcher des Fingerhutherstellwerkzeugs gegossen. Nun wird der Deckel so auf das Unterteil gelegt, dass die Ausbuchtungen in die Löcher reichen und das Metall Metall dort an die Seiten drücken.
Wenn das Metall kalt und hart geworden ist, können die fertig gegossenen und geformten Fingerhüte herausgenommen werden.

Werkzeug zum Herstellen von Fingerhüten

Lehmofen aus Usbekistan

Methode 4: Lesehefte

Die von der Forscherhaus-Pädagogik entwickelten Lesehefte verbinden das Wiederholen der erarbeiteten Strukturen mit Leseübungen.

Zum Beispiel: „Oma Theodoras Erfinderwerkstatt: Wärme“ (ab S. 58)

Thematische Schwerpunkte:
Mit Hilfe dieses Leseheftes erfahren die Kinder, wie die Römer Fußbodenheizungen für ihre Häuser gebaut und welche Stoffeigenschaften sie hierfür verwendet haben.

Grober Ablauf:
Das Leseheft erzählt von den beiden Kindern Hedda und Rupert, in deren Haus plötzlich die Heizung ausfällt. Da sie ganz bitterlich frieren, beschließen sie, mit ihrem Tauchboot zu einem Ort zu reisen, an dem sie etwas über Heizungen herausfinden können. So gelangen sie zu einem Haus der Römer mit Fußbodenheizung.

Einsatz im Unterricht:
Dieses Heft ist als Klassenlektüre einsetzbar. Für jedes Kind sollte ein Leseheft kopiert, die Seiten sollten auseinandergeschnitten und mit einem Heftstreifen zusammengeheftet werden.

Tipps für den Einsatz der Lektüre im Unterricht:

Seiten	Methodenvorschläge
1 – 4	• gemeinsam im Klassenverband lesen • anschließend Fragen zum Text an die Tafel schreiben, zum Beispiel: – Was hängt über Heddas Bett? – Was schreit Titus Topfstiel? • Die Kinder schreiben die Fragen ab und beantworten sie schriftlich im Heft.
5 – 7	• gemeinsam im Klassenverband lesen • anschließend Fragen zum Text an die Tafel schreiben, zum Beispiel: – Was sehen Hedda und Rupert im Wasser? – Ist es kalt oder warm? • Die Kinder schreiben die Fragen ab und beantworten sie schriftlich im Heft.
8 – 9	• Die Lehrkraft liest vor.
10	• gemeinsam im Klassenverband lesen • anschließend Fragen zu den Seiten 8 – 10 an die Tafel schreiben, zum Beispiel: – Was entdeckt Hedda? – Ist der Boden warm oder kalt? • Die Kinder schreiben die Fragen ab und beantworten sie schriftlich im Heft.
11	• Die Kinder lesen Seite 11.
12	• Die Kinder führen ein zum Thema passendes Experiment durch: Sie legen ein Holzstück und einen Ziegelstein für eine Weile in einen warmen Backofen oder in die Glut eines Lagerfeuers und fühlen anschließend, welcher Gegenstand die Wärme besser speichert.
13 – 14	• Die Kinder lesen die Seiten eigenständig, überlegen sich eine eigene Wärme-Erfindung und zeichnen diese auf ein Blatt Papier. In ihrem Heft beantworten sie die folgenden Fragen (Rückmeldung zur Geschichte): – Was fand ich gut? – Was fand ich nicht gut? – Was würde ich anders machen?

Ein beiliegender Arbeitsplan (s. S. 39) orientiert sich an diesem Ablauf. Er sollte u. a. eingesetzt werden, damit die Kinder ihren Eltern als tägliche Leseübung den Text – ganz oder in Etappen – vorlesen. Die Eltern schreiben dann ihren Namen auf die entsprechende Linie des Arbeitsplans und kreuzen eines der Smileys an. Damit geben sie eine Einschätzung ab, wie gut das Kind gelesen hat.

Arbeitsplan für das Leseheft „Wärme“

Aufgabe	Bewertung
S. 1 – 4 lesen	
S. 5 – 7 lesen	
S. 8 – 9 lesen	
S. 11 abschreiben	
S. 4: Was ist mit der Heizung?	
S. 6: Was sehen Hedda und Rupert im Wasser?	
S. 9: Woher kommt die Wärme?	
S. 14: Zeichne deine Wärme-Erfindung auf ein Blatt Papier.	

Kommentar:

Unterschrift der Lehrkraft: ________________ Datum: ________

Unsere Welt ist ein zusammenhängendes Ganzes, das nur dann angemessen verstanden werden kann, wenn die zentralen Zusammenhänge erkannt und thematisiert werden. Deshalb nutzt das Forscherhaus die erarbeiteten Materialien gezielt zum Erforschen und Aufzeigen dieser Zusammenhänge: Vor allem mit Hilfe der Lückenbilder, aber gerade auch mit Hilfe gezielter Handlungen können diese Zusammenhänge thematisiert werden. Auf diese Weise werden sowohl das Verstehen als auch das Behalten optimiert.

Zwei Lückenbilder zu einem Überblicksbild zusammenfügen

Thema:	beispielsweise die Themen aus Phase 1 (Stoffeigenschaften erforschen) – aber auch viele weitere Experimente und Übungen
Jahrgänge:	ab Klasse 1
Material:	Papier und Stifte
zeitlicher Umfang:	ca. ½ Unterrichtsstunde

Ablauf:
Die Aufgabe besteht darin, zu einem durch eigenaktives Handeln erarbeiteten Thema ein Überblicksbild zu gestalten. Entscheidend ist, dass alle Lückenbilder, die Bestandteil des Überblicksbildes werden, den Schülern bereits vertraut sind.
Gestartet werden sollte damit, dass die Schülerinnen und Schüler aufgefordert werden, diejenigen Lückenbilder herauszusuchen, die etwas über das aktuelle Thema erzählen. An dieser Stelle wird nun auch verständlich, weshalb die Lückenbilder in der Regel als Häuser gestaltet sind, die sich auf Flößen befinden: Dank der Flöße können die Häuser auf einem See oder einem Fluss hin- und hergeschoben werden. Auf diese Weise ist es möglich, dass immer genau die Häuser, deren Zusammenhang gerade zu erforschen ist, nebeneinandergeschoben werden können.
Als Beispiel sehen Sie auf der nächsten Seite das Überblicksbild, das aus den Lückenbildern „Stoffe" und „Rohstoffe verarbeiten" besteht!
Nun können beide Lückenbilder zu ein- und demselben Thema gefüllt werden – und schon ist den Schülern anschaulich deutlich geworden, weshalb wir Menschen uns mit dem Erforschen von Stoffeigenschaften beschäftigen müssen!

Sinnvolle Varianten und Ergänzungen

Die Lehrkraft füllt die beiden Lückenbilder, baut hierbei aber Fehler ein. Die Schülerinnen und Schüler suchen die Fehler und berichtigen sie. Bevor diese Variante eingesetzt wird, sollten die Schülerinnen und Schüler aber sowohl im Umgang mit den Lückenbildern als auch mit dem jeweiligen Thema sehr vertraut sein.

Zusammenhänge erkunden

Nun können die Kinder weitere Stoffeigenschaften erforschen und wichtige Zusammenhänge in neuen Kontexten kennenlernen. Beispiele für Forschungen und Experimente finden Sie auf den folgenden Seiten. Mit einer Lernzielkontrolle (s. S. 47) kann das erworbene Wissen überprüft werden.

Brezeln backen: „Stoffeigenschaften“ und „Rohstoffe verarbeiten“

Thema: Anhand des Backens von Brezeln können verschiedene Stoffeigenschaften erforscht und thematisiert werden – beispielsweise das **Mischen von Stoffen,** das **Biegen von Stoffen** sowie die **Veränderung von Stoffen durch Wärme.**

Jahrgänge: ab Klasse 1

Material: 2 große Rührschüsseln, 1 Handrührgerät, 1 Baumwolltuch, mehrere Löffel, Backofen, Herd, 1 Schaumlöffel, 2 Töpfe, 1 Messbecher, 1 Backblech, Backpapier

Zutaten: 500 g Mehl, 1 Päckchen Trockenhefe, 1 TL Zucker, 250 ml Milch, 1 TL Salz, etwas körniges Salz zum Bestreuen, 250 g Kristallsoda für die Lauge, 2 Liter Wasser

zeitlicher Umfang: ca. 3 Unterrichtsstunden

Ablauf:

1. Die Milch wird erwärmt, bis sie lauwarm ist. Dann wird so viel Milch mit dem Mehl, der Hefe und dem Zucker verrührt, bis ein Teig entsteht. Mit einem Baumwolltuch zugedeckt, muss der Teig 20 Minuten lang gehen. Dann werden die restliche Milch und ein Teelöffel Salz dazugegeben und alles zu einem glatten, festen Teig verknetet.
2. Der Teig wird in mehrere Portionen aufgeteilt. Jedes Kind erhält eine Portion und formt aus dieser eine Brezel. Die Kristallsoda wird in 2 Liter Wasser gegeben und aufgekocht.
3. Nun werden die Brezeln mit einem Schaumlöffel in die kochende Lauge gegeben. Sobald die Brezeln – nach etwa 15 – 20 Sekunden – wieder an die Oberfläche steigen, werden sie herausgenommen, auf ein Backblech gelegt und mit körnigem Salz bestreut.
4. Im vorgeheizten Backofen werden die Brezeln anschließend bei 220 °C etwa 15 – 20 Minuten gebacken.

Schmutzwasser reinigen: „Regeln ausführen“ und „Stoffeigenschaften nutzen“

Thema: Gemeinsam mit den Kindern wird überlegt, was die Menschen alles in den Abfluss schütten. Verschiedene Regeln zum Schutz der Umwelt werden gesammelt, die allesamt ausgeführt und eingehalten werden sollten, zum Beispiel „schmutziges Wasser säubern“ und „Abfall trennen“. Genau deshalb müssen die Menschen – wenn es um das Reinigen von verschmutztem Wasser geht – Stoffeigenschaften erforschen.

Jahrgänge: ab Klasse 1

Materialien: etwas Wasser, einige Äste, Steine, Erde, Sand, 1 tiefer Teller

zeitlicher Umfang: ca. 1 Unterrichtsstunde

Ablauf:
Verrühren Sie Äste, Steine, Erde, Sand und Wasser in dem tiefen Teller. Zeigen Sie Ihren Schülerinnen und Schülern das schmutzige Wasser und stellen Sie ihnen die Aufgabe, das Wasser vom Schmutz zu trennen. Vielleicht kommen Ihre Schülerinnen und Schüler selbst auf die Idee, hierfür die Stoffeigenschaft des Verdunstens zu nutzen. Dazu sollten die Schülerinnen und Schüler den Teller mit dem Schmutzwasser für eine Weile auf die Fensterbank stellen.
Sie werden bald die folgende Beobachtung machen: Das Wasser verdunstet und der Schmutz bleibt auf dem Teller zurück. Es wird deutlich, auf welch vielfältige Art und Weise wir Menschen die Stoffeigenschaft des Verdunstens nutzen.

Hilfreiche Stoffeigenschaften zum Trennen:

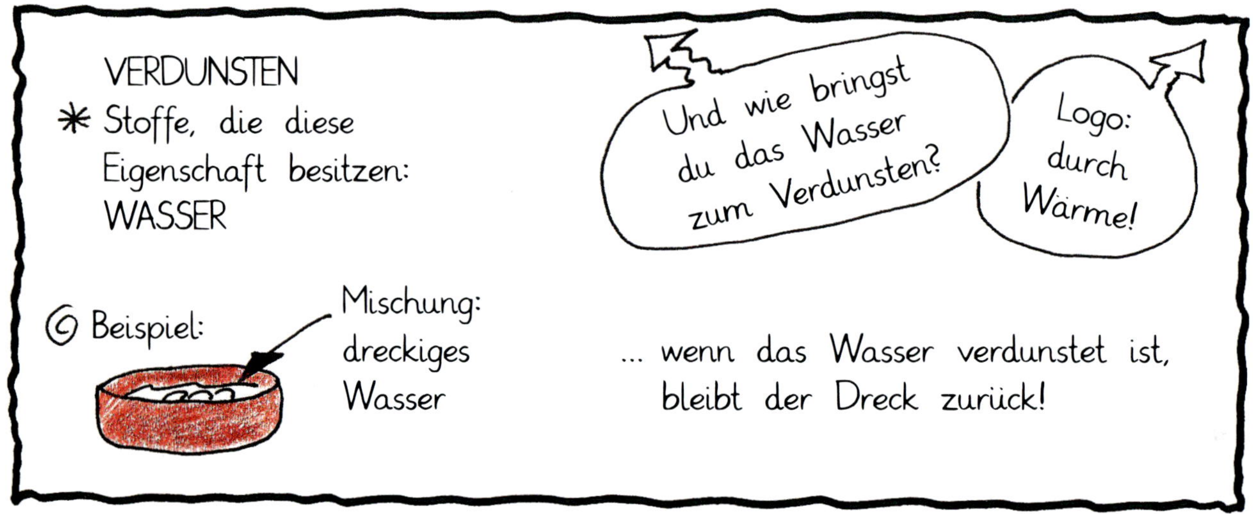

Sinnvolle Varianten und Ergänzungen (1)

Variante: Wasser und Schmutz mit Hilfe eines Siebes trennen

Anhand dieses Themas kann eine weitere Stoffeigenschaft thematisiert werden, die ebenfalls für das Trennen von Stoffen verwendet werden kann: Gegenstände bestehen aus unterschiedlich großen Teilchen, die deshalb mit Hilfe eines Siebes oder eines Filters voneinander getrennt werden können.

Material:
etwas Wasser, etwas Erde, 3 Schalen, 1 Filtertüte

Ablauf:
Stellen Sie aus dem Wasser und der Erde Schmutzwasser her, indem Sie beides mischen, und füllen Sie es in eine der Schalen. Begeben Sie sich dann mit Ihren Schülerinnen und Schülern in einen Sitzkreis. Geben Sie etwas Erdwasser in die Filtertüte und halten Sie diese über eine weitere Schale. Nun wird genau beobachtet, was geschieht. Ist das Wasser durch die Filtertüte hindurchgesickert, stellen Sie die Filtertüte mit dem übriggebliebenen Schmutz in die letzte Schale.

Das schmutzige Wasser in der linken Schale ist das Schmutzwasser, das durch Filtern in Erde und Wasser getrennt werden soll. In der Filtertüte ist die Erde zu sehen, die dort zurückgeblieben ist. Und in der Tasse vorne rechts erkennen Sie das Wasser, aus dem mit Hilfe der Filtertüte die Erde herausgefiltert wurde.

Sinnvolle Varianten und Ergänzungen (2)

Variante: Verschieden große Teilchen mit verschieden großen Sieben trennen

Material:
verschieden feine bzw. grobe Siebe sowie verschiedene Mischungen von Gegenständen (z. B. Reis-Erbsen-Mischung, Wasser-Erde-Mischung, Wasser-Erbsen-Mischung etc.)

Ablauf:
Ihre Schülerinnen und Schüler sollen nun herausfinden, welche Mischung mit welchem Sieb getrennt werden kann.

Spannende Information:
In der Regel löst das hier beschriebene Experiment bei den Kindern vielfältige Fragen aus. Dass die dicken Erbsen im Filter zurückbleiben, können die meisten noch verstehen. Aber weshalb konnten sich die kleinen Reiskörner einen Weg durch die Erbsen hindurch suchen?
Um das zu verdeutlichen, brauchen Sie nur einige Handvoll Würfel oder Bausteine in ein großes Glas schütten. Lassen Sie dann langsam Wasser einlaufen.
Wenn die Kinder genau beobachten, können sie deutlich erkennen, wie sich das Wasser seinen Weg durch die Zwischenräume hindurch sucht. So verhält es sich auch mit Erbsen und Reiskörnern oder auch mit Wasser und Erde.

Hilfreiche Stoffeigenschaften zum Trennen:

UNTERSCHIEDLICHE TEILCHENGRÖẞEN

Manchmal sind die einzelnen Bestandteile einer Mischung unterschiedlich groß – beispielsweise bei einem Müsli.

In solchen Fällen ist ein Sieb ein hervorragendes Hilfsmittel zum Trennen!

Zusammenhänge erforschen

Lassen Sie Ihre Schülerinnen und Schüler überlegen, für welche Menschen das zuvor erarbeitete Wissen hilfreich und wichtig ist. Setzen Sie nun die beiden Lückenbilder *Stoffe* und *Regeln festlegen und umsetzen* nebeneinander und füllen Sie diese gemeinsam für das Reinigen von schmutzigem Wasser (Verdunsten) oder für die Abfalltrennung aus (unterschiedliche Teilchengrößen).

Thema: ______________________ **Name:** ______________

Die Stoffeigenschaft: ______________________ **Datum:** ________

1. Wie können wir herausfinden, ob ein Stoff diese Eigenschaft besitzt?

____

____

____

____

2. Welche der folgenden Stoffe besitzt die Eigenschaft ______________ ?

○ Glas ○ Metall

○ Lehm ○ ______________

○ Holz ○ ______________

3. Welche Waren können wir aus ______________ herstellen?

Beschreibe auch, wie genau du dies tun kannst und welche Eigenschaften des Stoffes du dabei nutzt:

4. Welche anderen Stoffeigenschaften kennst du?

____

____

Gefärbtes Wasser

Auf dem Küchentisch stand ein Beutel mit getrocknetem Tee.
„Soll ich dir ein Geheimnis verraten?“, flüsterte Graf Xaver Hasenpfeffer zu.
Ein Geheimnis? Hasenpfeffer lief vor Aufregung schlagartig lindgrün an.
„Aber bitte, aber sofort, aber gleich!“, flehte er.
Graf Xaver atmete tief durch. Dann stieß er hervor: „Ich kann mit Tee zaubern!“
Hasenpfeffers Augen wurden groß und rund. „Du?“, murmelte er. „Mit Tee?“
„Soll ich es dir zeigen?“, fragte Graf Xaver.
Hasenpfeffer nickte wie wild. „Aber bitte, aber sicher, aber selbstverständlich!“, hauchte das Gespenst.
„Okay!“ Graf Xaver nahm ein Glas aus dem Schrank, füllte es mit Wasser, gab einige Teeblätter hinein – und deckte sofort ein Handtuch darüber.

„Jetzt kommt das Zaubern!“, sagte Graf Xaver geheimnisvoll. Er streckte beide Arme aus, schloss die Augen und brabbelte einige unverständliche Wörter vor sich hin.
Wenige Augenblicke später zog er das Handtuch vom Glas.
Hasenpfeffer schoss vor. Seine Augen wurden kugelrund und sein Mund klappte auf. „Braun gefärbtes Wasser“, murmelte er. „Welch großer Zauber!“
„Du meinst bestimmt, dass das ein riesengroßer Zauber ist, nicht wahr?“, fragte Graf Xaver.
„Aber selbstverständlich!“ Hasenpfeffer nickte heftig. „Das ist ein super-duper-extra-Zauber!“
Graf Xaver strahlte. „Das sehe ich auch so!“, sagte er.
Hasenpfeffer seufzte. Aufgeregt flog er hin und her, dann endlich stieß er hervor: „Lehrst du mich diesen Zauber, Meister?“
„Aber selbstverständlich!“, sagte Graf Xaver großzügig, nahm ein Glas aus dem Schrank und füllte einige Teeblätter hinein, bevor er erneut das Handtuch darüber bettete. „Du solltest damit anfangen, die Luft zu verfärben. Das ist einfacher. Mach einfach alles so, wie ich es dir gezeigt habe!“ Dann zog er vergnügt pfeifend davon.
Hasenpfeffer atmete tief durch.
Sofort begann er mit seinem Zauber:
Aufrecht stellte er sich vor das Glas, schloss die Augen und brabbelte Wörter, die niemand verstehen konnte.
Drei Sekunden wartete er, dann zog er das Handtuch zur Seite.
Er kreischte auf. Keine braune Luft war da, gar nichts.

„Das ist doch unerhört!“, dachte Hasenpfeffer und verkündete mit der strengsten Stimme, zu der er fähig war:

„Hiermit befehle ich, Hasenpfeffer von Clevercastle, dir, Luft im Glas mit Blättern, auf der Stelle braun zu werden!"
Nichts.
Keine Reaktion.
Mittlerweile war Hasenpfeffer ein klein wenig verärgert. Das war doch wirklich ziemlich frech von der Luft, sich seinen Befehlen zu widersetzen!
Also tat er dasselbe noch einmal. Wieder vergeblich.
Dann schrie er das Glas an, zeterte, heulte und brüllte.
Die Luft interessierte das nicht: Sie blieb, wie sie war. Durchsichtig nämlich.
Irgendwann lockte das Geschrei Graf Xavers Enkel Zacharias an.
„Was tust du denn da?", fragte er das Gespenst.
„Ich will zaubern!", jammerte Hasenpfeffer. „Ich will mit den Teeblättern die Luft braun färben!"
„Aber das geht doch gar nicht!", sagte Zacharias.
„Natürlich geht das!", heulte Hasenpfeffer. „Graf Xaver hat's geschafft! Er hat mit seinem Zauber Wasser braun gefärbt!"
Zacharias entdeckte das Glas mit dem braunen Teewasser. „Ach so!", sagte er und verstand. Er nahm Hasenpfeffers Glas mit den Teeblättern und füllte ebenfalls Wasser hinein.
„Warte einen kleinen Augenblick", bat er. „Dann hast du deine braune Farbe!"
Hasenpfeffer schluckte. Wie gebannt sah er zu, wie sich das Wasser verfärbte.
„Oh, du meisterhafter Meisterzauberer!", hauchte das Gespenst und verbeugte sich in Windeseile vor Zacharias.
„Hä?", fragte der.
„Du kannst sogar ohne Zauberspruch zaubern!", murmelte Hasenpfeffer. „Wie grandios! Wie einzigartig! Wie … wie …"
Zacharias seufzte.
„Hasenpfeffer!", sagte er. „Das hat mit Zaubern überhaupt ganz und gar nichts zu tun. Wenn Tee Wasser färben kann, dann liegt das daran, dass der Tee die Eigenschaft hat, Farb- und Geschmacksstoffe im Wasser auszulösen."
„Ups!", murmelte Hasenpfeffer. „Macht ihr Menschen das immer so?"
„Aber selbstverständlich!", antwortete Zacharias. „Wenn wir Menschen Waren herstellen, dann hat das mit Zauberei ganz und gar nichts zu tun. Wir suchen einfach passende Rohstoffe und bearbeiten sie. Na ja, und natürlich nutzen wir dabei die Eigenschaften, die die einzelnen Rohstoffe haben. Das ist immer und überall so, ob du irgendwelche Sprüche murmelst oder nicht."

Graf Xaver streichelt den Boden

Es war ein wunderhübscher Tag, als Hasenpfeffer Graf Xaver in einem Flur der Burg Clevercastle entdeckte. Der alte Graf stand dort und streichelte mit einem Tuch den Boden.

„Mag es der Boden, wenn du ihn streichelst?“, fragte Hasenpfeffer.
Graf Xaver warf ihm einen bösen Blick zu. „Ich streichel den Boden nicht, ich mache ihn sauber“, sagte er.
„Verstehe!“, nickte Hasenpfeffer, während er zusah, wie Graf Xaver einen Eimer voll Wasser über dem Boden ausgoss. „Du badest ihn. Moment: Ich helfe dir!“ Und dann war er auch schon verschwunden.
Verwundert sah Graf Xaver in alle Richtungen. Gerade noch fragte er sich, ob es klug war, sich von einem Gespenst helfen zu lassen, als es auch schon geschah: Ein gewaltiger Radau ertönte, als Hasenpfeffer wieder erschien. Mehrere Schnüre zog er hinter sich her, an die er randvoll mit Wasser gefüllte Eimer gebunden hatte.
Das Wasser schwappte zu Boden. Bald schon bestand der gesamte Flur aus einer einzigen großen Wasserlache.
Graf Xaver kreischte auf. „So geht das nicht!“, brüllte er. „Was soll ich denn mit dem ganzen Wasser anfangen? Das ist viel zu viel! Schaff es weg, hörst du?! Schaff es sofort von hier fort!“
Und dann stapfte er wütend davon.
Das Wasser fortschaffen?
Nun, das konnte ja nicht so schwierig sein, fand Hasenpfeffer.

„So, liebes Wasser!“, sagte er also. „Jetzt brauche ich dich nicht mehr. Du kannst verschwinden!“
Leider hörte das Wasser nicht auf Hasenpfeffer.
Es blieb, wo es war.
Das war nicht sehr freundlich von dem Wasser, fand Hasenpfeffer.

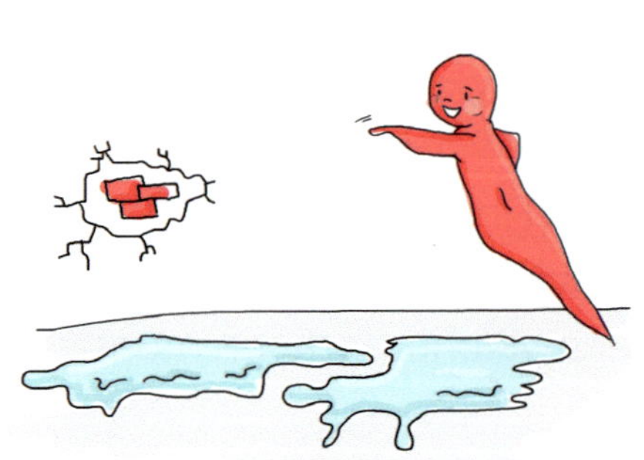

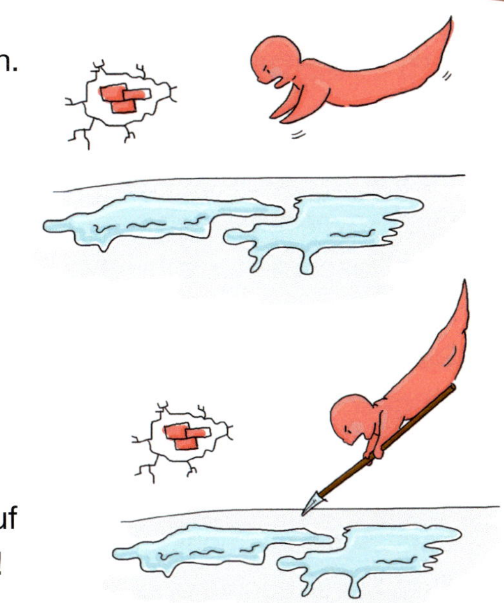

Also bat er das Wasser ein zweites Mal, zu verschwinden. Wieder vergeblich.

Allmählich wurde Hasenpfeffer wütend. Es war ziemlich unverschämt von dem Wasser, sich seinen Wünschen zu widersetzen! Und weil er so wütend war, schrie er das Wasser nun an: „Jetzt hau endlich ab, du durchscheinender, fließender Wicht, du!"

Zu allem Unglück hörte das Wasser immer noch nicht.

„Na warte!", dachte Hasenpfeffer. „Dann verjage ich dich eben!"

Sofort besorgte er sich einen Speer und stürzte damit auf das Wasser herab. Leider blieb das Wasser noch immer!

Glücklicherweise kam genau jetzt Zacharias vorbei.

„Was tust du da?", fragte er neugierig.

„Ich versuche, das Wasser zu vertreiben", antwortete Hasenpfeffer.

Zacharias starrte auf den Speer – und schüttelte dann den Kopf. „So geht das aber nicht", sagte er. „Wenn du das Wasser vertreiben willst, musst du die Eigenschaften des Wassers kennen."

„Tatsächlich?", fragte Hasenpfeffer verwundert. „Was sind denn die Eigenschaften des Wassers? Ist es lieb oder böse oder doch eher übellaunig?"

„Blödsinn! Das sind doch alles Menscheneigenschaften. Wasser hat andere Eigenschaften. Wasser hat Stoffeigenschaften. Und zu den Stoffeigenschaften des Wassers gehört, dass es zu Wasserdampf wird und davonschwebt, wenn es warm wird", erklärte Zacharias.

„Oho!", murmelte Hasenpfeffer überrascht. Da er ein waschechter Menschenforscher war, begann er sofort mit dem Forschen: Aus der ganzen Burg suchte er Wärme zusammen und verteilte sie zwischen den Wasserlachen.

Bald erklang ein leises Zischen.

Neugierig schwebte Hasenpfeffer näher heran.

Wenig später schon schoss ihm eine Wolke Wasserdampf ins Gesicht.

Im ersten Moment erschrak Hasenpfeffer.

Das Wasser dampfte munter weiter.

Wieder versank Hasenpfeffer in einer Wolke aus Wasserdampf – und jetzt verstand er.

„Oho!", rief er. „Aha! Das Wasser schwebt davon!"

Und da er ein überaus freundliches Gespenst war, besorgte er sich gleich mehrere Taschentücher und winkte mit ihnen dem davonschwebenden Wasserdampf hinterher.

„Gute Reise, lieber Wasserdampf!", rief er. „Gute Reise!"

Lehmkannen und Eiswürfel

Es war ein wunderschöner Tag auf der Burg Clevercastle: Graf Xaver hatte sich gerade eine leckere Kanne Tee gekocht und Hasenpfeffer schwebte gut gelaunt um ihn her, als …
Ja, als urplötzlich eine dicke, fiese Spinne von der Decke herabfiel.
Es geschah, was geschehen musste: Hasenpfeffer erschrak. Laut kreischte er auf, zuckte zur Seite – und stieß dabei die Teekanne vom Tisch. Es klirrte und schepperte, als sie auf dem Boden aufschlug. Tee schwappte heraus.
Graf Xaver fluchte und brüllte.
„Du hast meine hübsche Teekanne kaputt gemacht!“, schrie er.
„Mach mir sofort eine neue, hörst du?!“ Und dann stapfte er wütend davon.
Hasenpfeffer blieb ratlos zurück.
Leider hatte er keine Ahnung, wo er eine neue Teekanne auftreiben sollte.
Zum Glück war er jedoch ein Menschenforscher und deshalb wusste er, dass die Menschen alle Gegenstände, die sie brauchten, selbst herstellen mussten – und dass sie dafür Stoffe aus der Natur verwendeten.
„Kein Problem!“, dachte er also. „Ich stelle einfach eine neue Teekanne her.“
Folglich schwebte Hasenpfeffer ruckzuck heraus ins Freie und suchte nach Lehm, denn aufgrund seiner Menschenforschungen wusste er längst, dass aus Lehm Teekannen hergestellt werden können.
Glücklicherweise fand er auch rasch genügend Lehm und formte aus ihm eine Teekanne. Er brachte sie in die Küche der Burg Clevercastle, damit Graf Xaver endlich aufhören konnte, mit wütendem Gesicht durch die Burg zu laufen.
Graf Xaver kochte sich auch augenblicklich einen köstlichen Tee. „Herrlich!“, murmelte er, als er das heiße Getränk in Hasenpfeffers frisch geformte Teekanne goss.
Etwas schlubberte und schlabberte, aber darauf achtete Graf Xaver nicht: Schon griff er nach der Teekanne, um sie hochzuheben.
Das Schlubbern wurde stärker.
Dann gab es einen lauten Platsch. Der Teekannenboden löste sich in matschigen Brei auf und der heiße Tee schoss aus der Kanne heraus über Tisch und Boden … Graf Xaver brüllte vor Zorn auf und flüchtete. Auch Hasenpfeffer kreischte auf, als der Lehm, mit Tee vermischt, davonfloss.

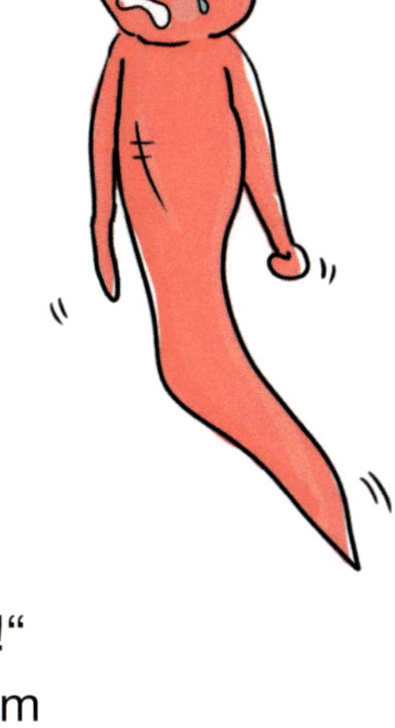

„Stehenbleiben, Lehm!“, brüllte er. „Bleib sofort stehen, hörst du?! STEHENGEBLIEBEN!“
Leider hörte der Lehm nicht auf Hasenpfeffer: Noch ein wenig stärker sackte er in sich zusammen.
Das war dann doch zu viel für das Gespenst: Es heulte und brüllte und schrie – und hörte gar nicht mehr damit auf.
Das Gebrüll lockte Zacharias an. „Jetzt hör schon auf zu heulen!“, sagte er: „Es gibt bestimmt einen Grund, weshalb der Lehm wegläuft!“
„Und … und welchen?“, schniefte Hasenpfeffer.
„Na ja …“ Zacharias zögerte. So genau wusste er das auch nicht.
Dann aber kam ihm eine großartige Idee: „Das sollten wir herausfinden!“
Da Hasenpfeffer natürlich ebenfalls ganz genau wissen wollte, was Lehm zum Davonfließen brachte, machten sie sich ans Experimentieren.
Als Erstes schrien sie den Lehm an.
Nichts geschah.

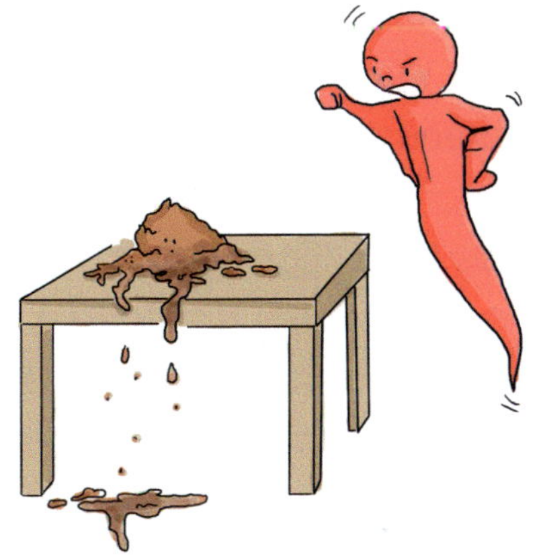

Dann beschimpften sie den Lehm mit den übelsten Schimpfwörtern, die ihnen nur einfielen.
Wieder geschah nichts.
Dann – als sie gerade überlegten, was sie noch mit dem Lehm anstellen konnten – begann es zu regnen.
Dicke Regentropfen plätscherten zu Boden und auf den Lehm. Und der Lehm?
Ja, der begann augenblicklich davonzufließen:
Er wurde weich und glibberig und schoss nach allen Seiten auseinander.
Hasenpfeffer kreischte vor Freude auf. „Oho!“, brüllte er. „Aha! Wasser macht Lehm weich! DAS ist eine Eigenschaft von Lehm!“
„Hm …“, machte Zacharias. „Bist du dir sicher? Wird Lehm immer und überall weich, wenn er mit Wasser vermischt wird?“
Das war eine supergute Frage, fand Hasenpfeffer. Und da er ein echter Forscher war, beschloss er, eine Antwort auf Zacharias’ Frage zu finden.
Als ersten Forschungsort wählte Hasenpfeffer Graf Xavers Bett: Er gab etwas Lehm hinein und dann etwas Wasser und wartete kurz, um anschließend unter die Bettdecke zu linsen.
Tatsächlich: Der Lehm war weich geworden!

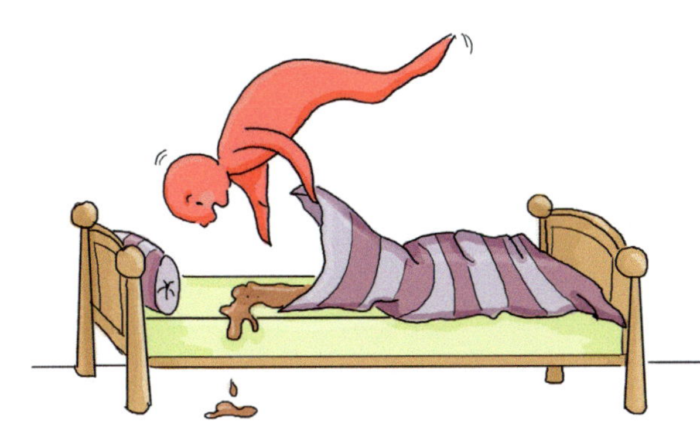

Also setzte Hasenpfeffer seine Forschungen fort:
Als Nächstes erprobte er die Lehm-mit-Wasser-weichmachungs-Eigenschaft in Graf Xavers Auto.
Auch dort klappte es: Ruckzuck floss der flüssige Lehm über die Autositze.
„Prima!", freute sich Hasenpfeffer.
Und dann führte er seine letzte Forschung in Graf Xavers Kamin durch:

Er gab etwas Lehm hinein und dann etwas Wasser dazu und … seine Augen wurden groß und rund. „Was ist das denn?", brüllte er.
„Der Lehm fließt ja gar nicht davon! Zu Hilfe! Zu Hilfe! Der Lehm wird ja vielmehr … steinhart!"
Sein lautes Gebrüll lockte Zacharias herbei.
„Reg dich doch nicht so auf!", schimpfte Zacharias. „Lehm hat eben mehr als EINE Eigenschaft: Wenn du ihn mit Wasser mischst, wird er weich. Und wenn du ihn brennst, wird er hart!"

„Ach, so!", murmelte Hasenpfeffer. „Das verstehe ich! Ich habe ja auch mehr als EINE Eigenschaft: Immerhin bin ich klug und freundlich und reizend und sehr begabt und … Ups!"
Jetzt wurden Hasenpfeffers Augen groß und rund. „Stimmt nicht!", sagte er. „Ich bin nicht bloß klug. Ich bin vielmehr ganz *außerordentlich* klug!"
Ihm war nämlich eine großartige Idee gekommen, wie er eine Teekanne aus Lehm herstellen konnte, die auch mit Tee in sich drin nicht davonlief …

Weißt du, was Hasenpfeffer eingefallen ist?

Hasenpfeffer-Story zu: Stoffeigenschaft des Schmelzens

Ruckzuck formte Hasenpfeffer aus mit Wasser vermischtem Lehm eine neue Teekanne – die er dann im Kamin steinhart brannte. Dieses Mal klappte es tatsächlich: Als er wenig später Tee in die frisch gebrannte Teekanne goss, floss der Lehm ganz und gar nicht davon! „Prima!", freute sich Hasenpfeffer – und beschloss, sogleich Graf Xaver von seinen neuesten Menschenforschungen zu erzählen.

Wenig später schon fand Hasenpfeffer Graf Xaver im Garten. Er lag dort und schlief. Hasenpfeffer schwebte näher heran. Gerade wollte er den alten Grafen wecken, als er in das Wasserglas hinein sah, das auf der Wiese stand.

„Die Eiswürfel!", dachte er erschrocken.

„Sie fließen ja auch davon!" Ganz deutlich sah er es: Langsam löste sich das Eis auf und floss in das Wasser hinein.

Zum Glück aber hatte Hasenpfeffer ja mittlerweile gelernt, was er tun musste, um fließende Dinge starr werden zu lassen. Also schnappte er sich ruckzuck die davonlaufenden Eiswürfel und jagte mit ihnen in die Küche.

Dort packte Hasenpfeffer die Eiswürfel in die heiße Pfanne, um sie augenblicklich ganz gewaltig heiß und fest werden zu lassen. Die Pfanne dampfte.

Genau jetzt schien Graf Xaver genug geschlafen zu haben und schaute in die Küche hinein. Bereits Sekunden später begann er zu schreien und zu toben.

„Was machst du denn da für einen Blödsinn?", kreischte er. „Du kannst doch Eiswürfel nicht in die Pfanne legen! Sie schmelzen dort, sie schmelzen!"

„Tatsächlich?", wunderte sich Hasenpfeffer. „Aber Lehm wird durch Wärme doch ganz hart."

„Das ist bei Lehm so, aber nicht bei Eiswürfeln!", schimpfte der alte Graf. „Eiswürfel haben eben andere Eigenschaften als Lehm!"

„Hm …", machte Hasenpfeffer. „Seltsam", dachte er. „Der eine Stoff wird durch Wärme hart und der andere Stoff wird durch Wärme weich …"

Und wieder einmal wurde ihm schlagartig klar, wie kompliziert die Menschen doch waren!

Ein Gitter fürs Papier

„Heute stelle ich Papier her!“, verkündete Hasenpfeffer eines schönen Morgens in der Burg Clevercastle. Augenblicklich holte er sich altes Papier herbei, zerriss es in tausend Stücke und weichte es in einem großen Eimer Wasser ein.
Dann, am nächsten Morgen, wollte er endlich damit anfangen, aus der Papiermatsche neues Papier zu machen. Also griff er mit der Hand in den Eimer hinein und zog sie wieder heraus.

Ein ekeliger Papiermatsch klebte an seiner Hand fest und tropfte zu Boden.
„Igittigittigitt!“, schimpfte Hasenpfeffer, schüttelte seine Hand und versuchte es ein zweites Mal:
Auf der Suche nach einem Blatt Papier stocherte er in dem Eimer herum.
Leider fand er kein Papier. Nirgends war eines zu entdecken …
Hasenpfeffer heulte auf.
Zum Glück kam gerade jetzt Zacharias vorbei. „Um Papier herzustellen, brauchst du ein flaches Sieb“, sagte er. „Dieses Sieb tauchst du in die Wanne mit der Papiermatsche und ziehst es dann wieder heraus.“
Hasenpfeffer stöhnte auf. Jetzt musste er auch noch ein Sieb herstellen!
Dann aber hörte er auf mit dem Stöhnen und machte sich sogleich an die Arbeit. Aus vier kräftigen Ästen formte er einen Rahmen. Dann nahm er sich ein Wollknäuel und flocht mit der Wolle ein Sieb in den Rahmen.

Wenig später tauchte Hasenpfeffer das Sieb in die flache Schale, in die er die Papiermatsche gefüllt hatte, und zog es wieder heraus.

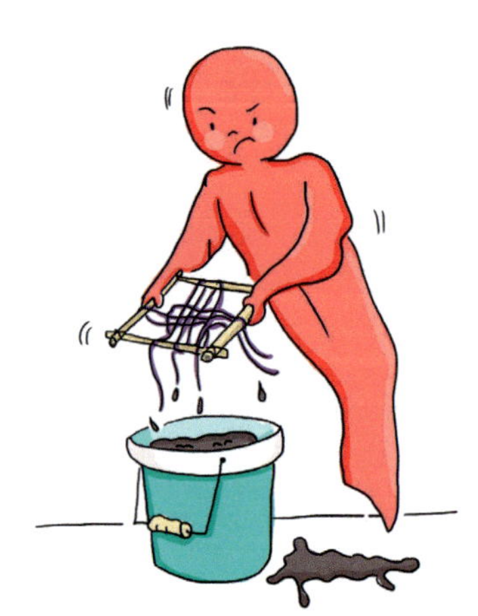

Sekunden später kreischte das Gespenst auf.
„Das Papier hat mein Sieb kaputt gemacht!“, brüllte es. „Zu Hilfe, zu Hilfe!“
Zacharias stöhnte. „Quatsch!“, schimpfte er. „Wolle ist einfach viel zu weich, um ein Sieb zu werden. Du musst dein Sieb aus einem anderen Material herstellen!“

„Stimmt …“, dachte Hasenpfeffer. „Es muss ein Material sein, das die Eigenschaft besitzt, ziemlich hart zu sein!“

Also machte er sich augenblicklich auf die Suche nach einem harten Material. Als Erstes entdeckte er mehrere Glasstangen und klopfte auf ihnen herum. „Hart genug!“, urteilte er und begann, aus den Glasstangen ein Sieb zu biegen.
Leider erklang augenblicklich ein hässliches Knacken und die Glasstangen zerfielen in tausend Scherben.

Hasenpfeffer war entsetzt. Da ein Gespenst aber niemals aufgibt, versuchte er es gleich noch einmal. Diesmal begann er, aus Porzellanstangen ein Sieb zu formen.
Wieder ertönte dieses hässliche Knacken.
Und wieder zerfielen die Stangen in tausend Scherben.
Hasenpfeffer kreischte auf. So lange kreischte er, bis Zacharias herbeieilte.
„Aber Hasenpfeffer!“, erklärte Zacharias. „Porzellan ist spröde, ebenso wie Glas. Beides zerbricht, wenn du es biegst. Das ist die Eigenschaft von Porzellan und von Glas.“
„Aber aus welchem Stoff kann ich denn jetzt mein Sieb biegen?“, heulte das Gespenst. „Welcher Stoff ist hart und biegsam?“
„Am besten nimmst du dafür Metall“, schlug Zacharias vor. „Metall ist nicht spröde. Metall ist biegsam!“
Hasenpfeffer hörte auf zu heulen. Vorsichtig griff er nach einem Gegenstand, der aus Metall hergestellt worden war. Dann bog er diesen Gegenstand.

Kein Knacken erklang und auch kein Knirschen. Verblüfft starrte Hasenpfeffer auf das Stück Metall in seiner Hand.
„Potzblitz!“, murmelte er. „Metall lässt sich biegen, ohne zu brechen! Klasse, nicht wahr?“, strahlte Hasenpfeffer Zacharias an.

In der kommenden Nacht bog Hasenpfeffer aus sämtlichen Drähten, die er finden konnte, herrliche Figuren: Er zog aus einer herumliegenden Gitarre die Drahtsaiten heraus und bog sie zu köstlich verschrumpelten Ameisen. Aus einem Schneebesen wurden eklige Spinnen.

Dann baute Hasenpfeffer auch noch die Speichen aus Graf Xavers Fahrrad aus und bog aus ihnen herrliche Maden.
Und als Hasenpfeffer genug Übung hatte, stellte er das flache Sieb her, um Papier machen zu können.

Oma Theodoras Erfinderwerkstatt

Heute: Wärme

1

Die wichtigsten Personen:

Das sind **Hedda** und **Rupert.** Sie wohnen bei ihrer Oma Theodora. Oma Theodora ist eine Erfinderin.

Titus Topfstiel führt das Café „Zum brüllenden Löwen“.

2

Es ist kalt!

Als Hedda an diesem Morgen wach wurde, hingen Eiszapfen über ihrem Bett. Sie fror.

„Wieso ist es so kalt?“, fragte sich Hedda. Sie stand auf und wickelte sich in vier Decken. Dann fühlte sie an der Heizung. Sie war kalt. Ganz eisigkalt war sie.

3

„Am besten trinke ich im Café erst einmal einen heißen Kakao!“, sagte sie sich. Als Hedda wenig später das Café betrat, kreischte Titus Topfstiel auf. „Ein Ungeheuer“, rief er, „ein Ungeheuer!“

„Blödsinn!“, sagte Hedda und blinzelte zwischen den Decken hervor: „Ich bin’s nur! Mir ist so kalt.“ „Mir auch“, klagte Titus Topfstiel. „Die Heizung ist kaputt!“ „Oje!“, rief Hedda. „Da müssen wir aber etwas unternehmen!“

4

Sie eilte zu Rupert, ihrem Freund.
Zusätzlich schaute sie in ihrem
Orte-Suchbuch nach,
in dem alle Orte standen,
an denen es etwas
Wichtiges zu
entdecken gab.

Bald schon hatten sie
einen Ort gefunden, der ihnen etwas
über Heizungen erzählen konnte.

„Auf geht's!“, rief Rupert. Sie liefen zum See.
Dort wartete ihr Tauchboot.

Hedda und Rupert sprangen
hinein und schlossen
die Türen. Sofort
sank das Tauchboot
ins Wasser herab.
Dann fuhr es auch
schon davon.

5

In einem alten römischen Haus

Bald sahen Hedda und Rupert im Wasser
Krokodile und sogar Nilpferde.

Dann tauchte ihr Tauchboot auf.

Um sie her brach die Nacht herein.
„Jetzt wird es hier auch kalt“,
stellte Hedda fest.
Sie fror.

6

BVK FH01 • Dr. Uta Stücke: „Mini-Forscher entdecken: Stoffe und Stoffeigenschaften“

Sie liefen auf ein Haus zu.

Hedda und
Rupert gelangten
in einen
großen Raum.
Der Boden war
mit Platten belegt.
Vorsichtig sahen
sich die beiden
Kinder um.
„Oh nein!“, sagte Rupert.
„Hier ist es ja auch kalt!“

Hedda drängte sich
hinter eine Säule.
Genau in diesem
Moment erklang
ein Klacken.

7

Der Boden gab unter ihr nach und sie sauste in die Tiefe.

Hedda fiel nicht tief.
Dennoch stöhnte
sie leise.
Dämmerung umgab
sie. Über ihr tauchte
Ruperts Gesicht
auf. Seine Augen
weiteten sich.
Er schob die Bodenplatte zur Seite, die sich gelöst hatte. Dann schlüpfte auch er durch das Loch im Boden.

Mit weit
aufgerissenen
Augen sahen
sich Hedda und
Rupert um.

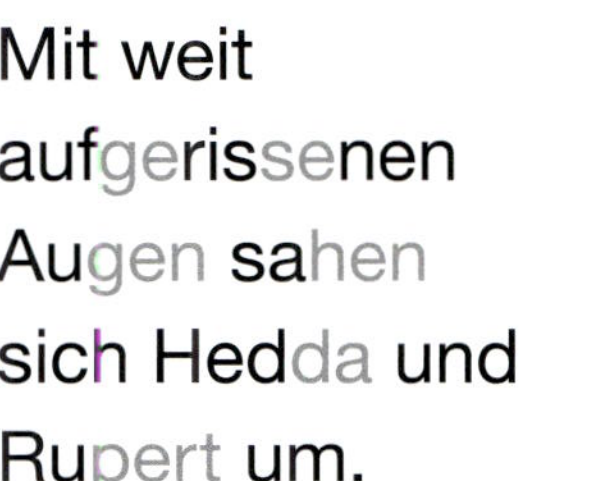

8

Sie befanden sich in einem Hohlraum
unter dem Haus.
In regelmäßigen Abständen waren Pfeiler
aus Lehmziegeln gebaut, die das Gewicht
des Fußbodens trugen.
Plötzlich hielt Hedda den Atem an.
„Fühlst du die Wärme?“, fragte sie leise.

„Ja“, murmelte Rupert,
„jetzt spüre ich sie auch!“
Sie krochen auf die Wärme zu. Bald hörten
sie etwas knistern. Warmer Rauch kam
ihnen entgegen.
„Schau doch nur!“, rief Hedda.
„Da brennt ein Feuer!“

Sie erschraken.
„Schnell raus hier!“, rief Rupert.
Sie fuhren herum und eilten zurück.
Ganz schnell krochen sie durch
das Loch in den Raum zurück.

Hedda fühlte.
„Der Boden wird warm!“, rief sie.
„Dann weiß ich, was wir entdeckt haben!“,
sagte Rupert.

Weißt du es auch?

Nun, Hedda und Rupert haben
eine Fußbodenheizung entdeckt:
So eine Heizung haben die Römer
schon vor über 2 000 Jahren gebaut:
Sie haben die Fußböden ihrer Häuser
auf Ziegelpfeiler gesetzt.
Dann haben sie ein Feuer neben dem
Haus entzündet und die heiße Luft
durch die Hohlräume geleitet.

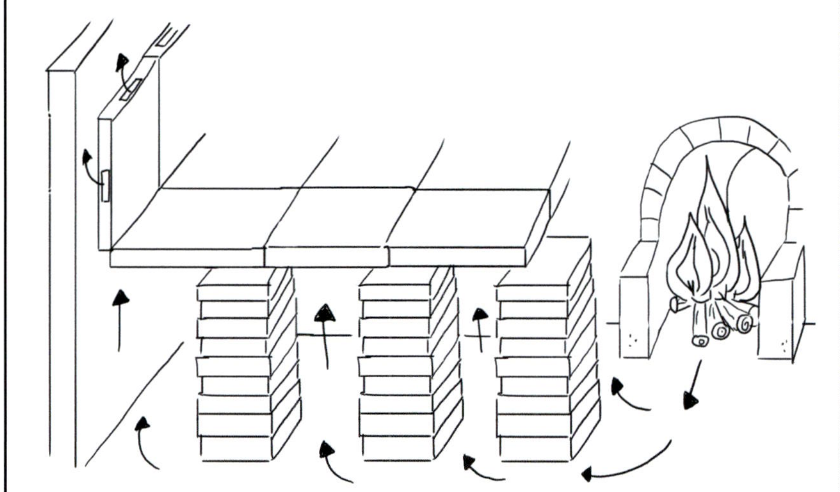

Die heiße Luft hat so den Fußboden
warm gemacht.

Was meinst du: Kann das wirklich sein?

Die Antwort kannst du selbst herausfinden:
Führe ein Experiment durch!

Besorge einen alten Ziegelstein und ein
Stück Holz. Lege beides für eine Weile in
einen Backofen (60 °C) oder in die Glut
eines Lagerfeuers. Achtung: Hier sollte
ein Erwachsener dabei sein!

Nimm den Stein und das Holz nach einer
Weile vorsichtig mit Topflappen heraus
und fühle, welcher Gegenstand die
Wärme besser speichert. Wie lange
bleiben die Gegenstände wohl warm?

Eine ganz besondere Erfindung

„Dann haben wir ja die Wärme gefunden, die Titus Topfstiel braucht“, freute sich Rupert.
Schon eilten sie zu ihrem Tauchboot zurück und fuhren nach Hause.

Im Café wartete Titus Topfstiel bereits auf sie.
Es war immer noch eisigkalt.
Sofort begannen Hedda, Rupert und Titus Topfstiel, Wärmeerfindungen zu bauen:

Zunächst dachten sie sich eine Raumwarmmach-Erfindung aus.

Dann erfand Hedda einen Schuh mit einer eingebauten Heizung.

Und Rupert baute eine Fußbodenheizung-Spiegeleibrat-Maschine.

Hast du auch eine Idee für eine tolle Wärme-Erfindung?
Dann zeichne sie auf ein Blatt!

Lückenbild „Stoffe“

Lückenbild „Rohstoffe verarbeiten“

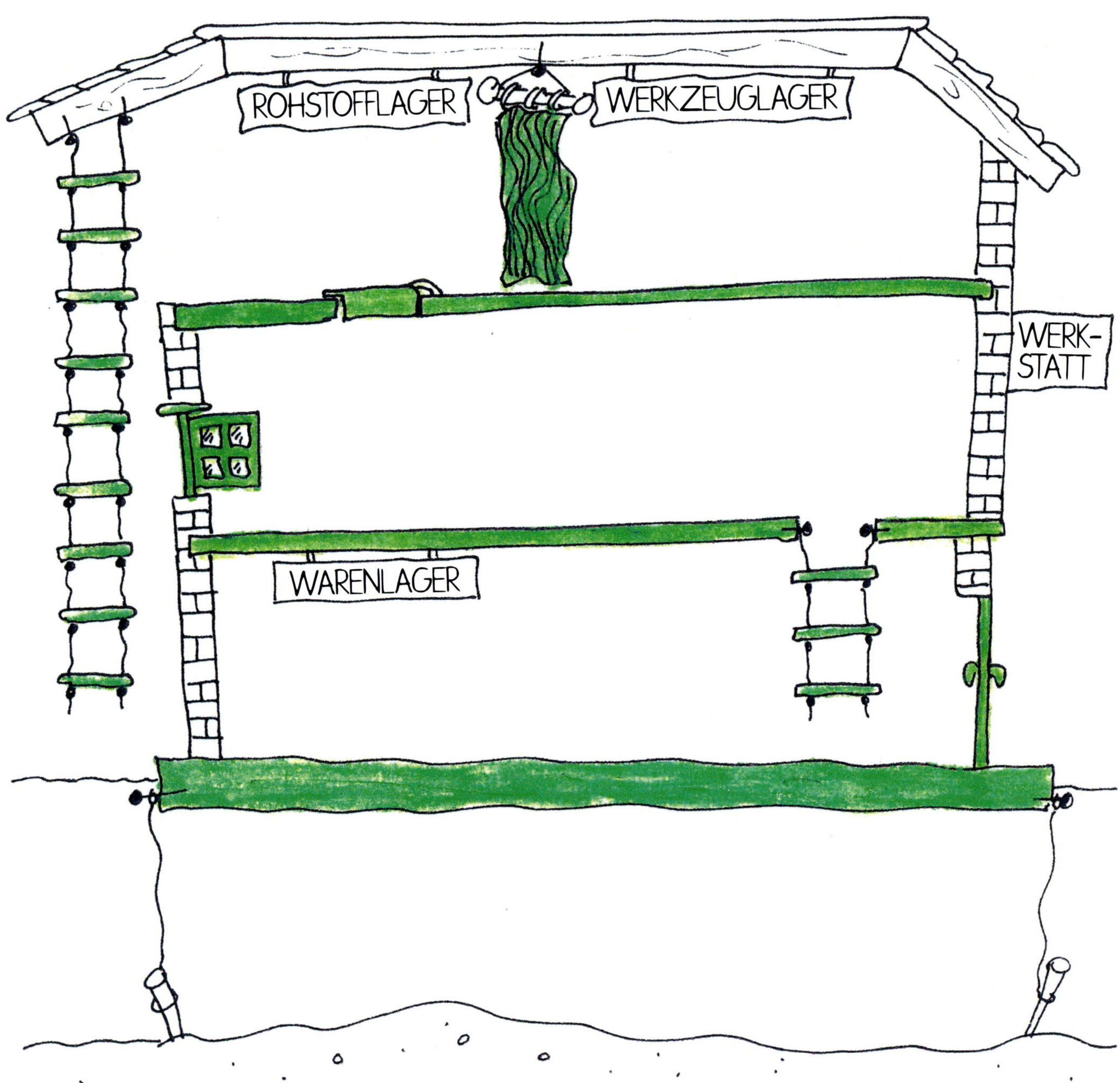

Lückenbild „Regeln festlegen und umsetzen“

Urkunde für:

____

Herzlichen Glückwunsch!

Du bist jetzt ein **Mini-Forscher** und kennst dich mit Stoffen und ihren Eigenschaften bestens aus!

Datum: ____________________